怀旧录

[日] 南条文雄 著
嘉木扬·凯朝 译

中国大百科全书出版社

图书在版编目（CIP）数据

怀旧录／（日）南条文雄著；嘉木扬 · 凯朝译．—北京：中国大百科全书出版社，2020.4

ISBN 978-7-5202-0700-3

Ⅰ.①怀… Ⅱ.①南…②嘉… Ⅲ.①南条文雄（1849—1927）—自传 Ⅳ.①B949.931.3

中国版本图书馆 CIP 数据核字（2020）第 023664 号

责任编辑 李 静
封面设计 WONDERLAND Book design 仙境 QQ:344581934
责任印制 常晓迪
出版发行 中国大百科全书出版社
地　　址 北京市阜成门北大街 17 号　**邮政编码** 100037
电　　话 010-88390636
网　　址 http://www.ecph.com.cn
印　　刷 北京市十月印刷有限公司
开　　本 880 毫米 ×1230 毫米　1/32
印　　张 10
字　　数 194 千字
印　　次 2020 年 4 月第 1 版　2020 年 4 月第 1 次印刷
书　　号 ISBN 978-7-5202-0700-3
定　　价 58.00 元

译序：南条文雄佛学思想与中国近代佛教

引言

我翻译南条文雄《怀旧录》一书的缘起，是中国社会科学院文学研究所靳大成教授布置给我的作业。靳大成教授是我留学日本前（在北京雍和宫）的汉语老师。2001年，我想回国报效祖国，准备在中国社会科学院世界宗教研究所工作。在社科院院里偶然遇见靳老师，师生见面都非常高兴。各自介绍了近几年的情况，靳老师了解到我在日本留学，在著名佛学学者前田惠学博士座下研究佛学并获得博士学位。当靳老师知道我学过巴利文、梵文等语言时，就让我把日本著名佛学家南条文雄博士的《怀旧录》汉译出版，为介绍南条文雄的佛学修学研究及学术成果。我在日本留学时的导师前田惠学博士也和南条文雄博士一样，是日本净土真宗大谷派的高僧、住持，我所认识和接触的日本大学教授中也有很多是净土真宗大谷派的高僧、住持，我与他们一起研究过日本佛教的净土思想和蒙古地区佛教净土思想比较的课题。我在日本所拜访过的净土真宗大谷派的寺院里，以及个人家中，几乎都有南条文雄书写的墨宝。南条文雄确实是日本佛教徒中家喻户晓的佛教高僧之一。他的佛学思想和为人处世的人格品德得到人们的爱戴和赞颂。[①]此外，他对中国佛教文化文献方面的继承与保存作出了巨大的贡献。这与南京金陵刻经处的创办者杨仁山居士的努力是分不开的。南条文雄曾经与北京雍和宫、西黄寺（中国藏语系高级佛学院）有过佛教文化方面的交流，而我与这两个著名寺院都有过很深的缘分。种种因缘将我与翻译南条文雄的《怀旧录》结合在一起，使我有责任完成靳老师布置给我的作业。

中国和日本的佛教文化各有特色，但通过佛教所追求的目标理应是一样的，那就是以佛教的慈、悲、喜、舍之心，为众生拔苦与乐，争取世界和平。中日交流源远流长，共同通过佛教文化这一领域为世界和平作出了卓越的贡献，这是有目共睹的。赵朴初居士认

---

① ［日］前田惠学：《前田惠学集——命终时》（第七卷），日本山喜房佛书林，平成十九年，第575–576页记述了南条文雄与日本民众和睦相处的事迹。

为，在中日韩三国友好交流中，有一条源远流长，至今还闪闪发光的纽带，那就是我们共同信仰的佛教，被誉为“黄金纽带”。

过去的20世纪是以科学文明为中心的物质社会的时代，今天的21世纪应该是以“心”为中心的精神社会的时代。中国于21世纪之初提出了构建和谐社会的理念。2006年，在杭州和普陀山举行了首届世界佛教论坛，主题是“和谐世界，从心开始”，希望以此为契机，争取持久的世界和平。社会怎么能和谐，世界怎么能够持久和平？关键在于人心。

中国与日本是邻邦。隋唐时期两国的文化交流进入鼎盛期，这其中也包括佛教文化交流。今后，希望中日不仅在经济贸易方面进行友好往来，更要重视在文化方面的交流，因为文化方面的交流是人与人之间“心”的交流，即精神方面的疏通与共融。所以说，物质方面和精神方面的交流要同步进行，才是中日最完美的友好交流，也将为世界和平、人类文明发展，起到积极的促进作用。

一、南条文雄的生平

南条文雄（1849—1927）是日本净土真宗大谷派的高僧、日本梵文学权威。出生于日本岐阜县（相当于省）的佛教世家，号硕果。早年修学于日本京都府高仓学寮，后被日本佛教净土真宗大谷派特派赴英国牛津大学留学，师从弗里德里希·麦克斯·缪勒（Friedrich Max Müller）博士，专修梵文学。学成回日本就任东京大学梵文讲师。日本佛教界尊称南条文雄博士为日本近代佛教学鼻祖，是开启近代佛教大门的英姿勃勃的人物。他是日本首批获得文学博士学位的大学者（1888年，39岁），后又成为帝国学士院会员（1906年，57岁）。他多年为大谷大学献计献策（1903年2月至1911年9月，就任真宗大学学监；1914年7月至1922年6月，就任真宗大谷大学校长；1922年6月至1923年10月，就任大谷大学校长）。南条文雄前后18年在大谷大学工作。作为学界的长老、宗门的耆宿，其成就受到了日本佛教界的普遍认可和推崇。

“不知如何列举才能更加突出南条在大学行政工作上的业绩。谦虚的南条自己没有讲这方面的情况，别人也没有指出这方面的情况。任院长的南条，大小事务都由他来主持，委托他的事情均没有被拒绝过，在他任职时也没有失职的情况。”这样说南条文雄的事迹，见稻叶昌丸的回忆文章。清泽满之在评价南条文雄时说：“先生的声音如洪钟一样，说起话来越说越洪亮。”并推崇他的忍让谦虚的风格说：“师的性格谨严而温厚，没有与人争吵过。”《佛教大辞典》（望月信亨编著）在“南条文雄”的条目中，是这样记述的：“宽厚的长老、德高望重的南条。南条校长在任期间，大谷大学的校园笼罩在融融的和谐的气氛之中，现在有不少毕业生怀念他的恩德。”

《怀旧录》则为他从出生到1927年79岁圆寂为止，所经历的重要事件的自述。

二、南条文雄博士对日本近代佛教学研究的影响

樱部建说，“近代佛教学” 是在日本近几年才开始使用的提法。但是，这种说法不一定是正确的。称“近代”首先应该是指明治以后的事情。但是，明治以后的佛教研究也不能一概称之为近代佛教学。与德川时期的佛教研究相比较，近代佛教学在资料方面、方法论方面与意趣方面都有其独到之处。此乃特指其以新的形式来研究佛教的势态。①

在资料方面有独到之处。以往佛教学所引用的几乎只是从印度古语翻译成汉文的种种佛典，以及以其为基础的中国和日本所著述的佛学论著，并将文作为“圣典”来研究。在此，所说的称为近代佛教学的理由，是指在“圣典”基础上又增加了幕末开国以来在日本所用的巴利文、梵文的原典，以及把藏译文等日本佛教学著作作为新的形式的佛教文献，并进一步把梵文、藏文、汉文等一般文献，也广泛作为“资料”来使用。

在方法论方面有独到之处。以前佛教的学问主要是用诸宗的祖

① ［日］南条文雄：《怀旧录》，东洋文库359，日本平凡社，1979年，第327页。

师的传统学说，来解释其各派的“宗义”，并以此为中心研究各种课题。近代以来，很多研究项目与课题都以宗乘、余乘（自宗的教义学说、他宗的教义学说）的形态来进行研究。自近代佛教学广泛传播以来，实质上是脱离了宗门（派）的制约，借用西欧的学术方法，以自由的状态进行了历史和文献，以及佛教理论的研究，从而开拓了全新的研究领域。

在意趣方面有独到之处。从普遍现象的佛教知识性需求转型发展到学术性研究，这是属于近代佛教学的范畴。

在过去百年的历程中，近代佛教学所取得的成就是相当可观的。这些成就与日本现代佛教的新运动不无关系。从而，不得不称南条文雄是开启近代佛教大门的英姿勃勃的人物。

南条文雄从明治九年6月[①]与笠原研寿一起赴英国起，到明治十七年5月回国止，将近8年刻苦钻研。其间，师从麦克斯·缪勒博士，在其帮助下将梵文《金刚般若经》《无量寿经》《阿弥陀经》《般若心经》《尊胜陀罗尼》等翻译为英文并刊行，又将汉文《大藏经》的目录译成英文《大明三藏圣教目录》发行，获得了“南条目录”（Nanjio Catalogue）的名声和光耀。其后，他又以英文著作《日本佛教诸宗纲要》驰誉欧洲。

就这样，停留在欧洲的南条文雄，躲过了废佛毁释的灾难。对

① 明治六年日本纪年改为公历，本书公历年月日均用阿拉伯数字。

于迎来新气运的文明开化的日本佛教界来说，佛典原语的研究，开创了新领域，很多人期待精英的出现，南条文雄不负众望，比大家想象得还要好，可谓业绩斐然；对从黎明期渐渐向兴隆期迈进的欧洲来讲，东洋学界几乎是一个未知的领域，南条文雄在介绍东亚佛教方面，尽到了模范使者的职责。他对许多人发挥了他的不可比拟的作用。

作为梵文学者，南条文雄的主要成绩是：与荷兰的H.C.柯恩（Hendrik Casper Kern）共同完成梵文《法华经》的校勘，以及晚年苦心完成梵文《楞伽经》的校勘。看看日本近代佛教学的发展，掘地三尺也找不出像南条文雄这样的人物，他所发挥的启蒙作用，以及作为开明家的贡献是不可磨灭的。他的《梵文金刚经讲义》《佛说无量寿经讲录》《佛说阿弥陀经讲录》《真宗圣教里所显的梵语讲义》等著作，以及《阇多迦》《梵语在言语学中的位置》《欧洲梵学略史》《佛陀迦耶菩提树片略史》《佛涅槃年代考》《问对杂记》等初期论著（都收集在南条文雄晚年的著作《向上论》中，其完成在1884—1887年间），都足以为他的成绩簿增添光彩。其中，《阇多迦》等论著，正是其后的渡边海旭的名著《欧美的佛教》（1918年，东京，丙午出版社）的先导。在此说明，他不是那种诱引学生进入未知领域的说教者，而是热心、细致、认真的先导者。

佛教界以外的人士（南条文雄在停留欧洲时期的友人几乎都

是明治时期社会上有权势的人）说："像南条文雄这样的人为何在本愿寺等处做事，是不应该的吧？"对此，南条文雄只是笑笑而已。南条的座右铭是"为法不为身"[①]。他的这一精神是对佛门的忠诚。

赤沼智善（1884—1937，日本原始佛教研究的开拓者之一）回忆说："在我童年的时候，在越后（赤沼出生于长冈市）还没有火车，当时，听说南条先生要来，大家都很兴奋。因为，他不管在什么地方讲学，讲堂内都座无虚席。"[②]有很多摆摊卖商品的人也来听，先生的讲演通俗易懂，只听过说教的乡村老人们也很喜欢听，由此在当时知识界引起轰动。

三、南条文雄对杨仁山居士的影响

清同治五年（1866），中国佛教学者杨仁山（杨文会）创办南京金陵刻经处。杨仁山认为要弘扬佛法，必须流通经典。他通过日本佛教学者南条文雄，从日本寻回中国自唐末五代以来久已散佚的各宗重要典籍300余种，如《中论疏》《百论疏》《成唯识论述记》《因明入正理论疏》等，将它们刻印流通。失传已久的北魏昙鸾著

---

① ［日］南条文雄：《怀旧录》，东洋文库359，日本平凡社，1979年，第27页。

② 同上，第316页。

《无量寿经优婆提舍愿生偈注》，也从南条文雄处取得，改名《往生论注》加以刻印，后收入《汇刻古逸净土十书》中。杨仁山认为日本出版的《卍续藏经》，以博采为旨，忽视甄别工作，乃立志组织编刻《大藏辑要》，选佛典460部，3 300余卷，进行严格的校订。同时编定经目，将藏经内容分为华严、方等、净土、法相、般若、法华、涅槃以及传记、纂集、弘护、旁通、导俗等21部，各部列举代表著作数部。1911年杨仁山逝世前，嘱咐其弟子欧阳竟无、陈樨庵、陈宜甫3人分别负责刻经处编校、流通、交际等工作。1914年，欧阳竟无在刻经处成立研究部，聚众讲习，兼事刻经。从学者有姚柏年、吕澂等人。[①]

南条文雄是在英国伦敦认识杨仁山的。他记述说[②]：

当时驻英国的中国公使是侯爵曾纪泽，此人乃是以忠诚著称的曾国藩之长子，公使馆参赞官陈远济是其妹夫。

---

① 姚长寿《杨仁山与小栗栖香顶——关于中日净土的一场论争》，中国佛学院。杨仁山（1837–1911）居士（以下敬称略）创办金陵刻经处后，四处搜求已在中国散佚的佛教经典。1880年在伦敦结识日本净土真宗大谷派佛教学者南条文雄（1849–1927），从日本搜得300多种在中国久已失传的隋唐古德注疏，后从中选取昙鸾《往生论注》、道绰《安乐集》、善导《观无量寿经疏》（《四帖疏》）等12部净土教典籍，汇编成《汇刻古逸净土十书》出版，这是中国隋唐净土教典籍的复归流传，也是中日近代佛教交流史上尽人皆知的一段佳话。

② ［日］南条文雄：《怀旧录》，东洋文库359，日本平凡社，1979年，第139–141页。

另外，该公使馆的书记生杨仁山（杨文会）是一位虔诚的佛教徒。我由末松谦澄君介绍，在该君的寓所面晤陈远济和杨仁山二君。因为我压根不会讲汉语，所以用笔谈。于是，仁山君将自己刊行的一册《大乘起信论序》赠予我，并告诉我他是通过读《大乘起信论》皈依佛门的，还询问我此书是否有梵文本。由于我不知道此书梵文本是否存于世，故如实地作了回答。闻此，仁山君显得很失望。

后来陈、杨二君来牛津大学探访我们，我按前约将二君引至牛津大学的出版所，一睹先前由缪勒博士校订出版的梨俱吠陀梵字的活字。其后，又与仁山君往复书信很久。一次受该君的委托，将直接译自梵文的《阿弥陀经》邮寄给他。不久，仁山君回国，在南京开设金陵刻经处，致力于佛教书籍的刊行，并常常给我寄来书信，立志翻刻那些在中国已经失传、现尚存日本的佛书。他既然委托我帮他搜集，我也就壮其志业，与赤松连城君商议，决定竭尽所能提供帮助。可以说该君对现代中国佛教所遗留的功绩正在于此。

我寄给该君的日文刊本中，金陵刻经处翻刻的书目如下：

1.《赞阿弥陀佛偈》　　　　北魏昙鸾作

2.《往生论注》上下二册　　　同上

3.《略论安乐净土义》　　　同上

4.《安乐集》　　　唐道绰作

5.《观无量寿经疏》四册　　　唐善导作

6.《成唯识论述记》二十册　　　唐窥基作

7.《阅藏知津》二十余册　　　明蕅益大师智旭作

四、南条文雄的汉学造诣非同一般

南条文雄的汉诗和汉文的水准不只停留在兴趣方面，其诗集有《航西诗稿》，另外还有《硕果诗草》（昭和十二年，南条先生颂德纪念会刊），真宗大谷派的学匠诗文集收集了南条的《先德余香》，在《佛教研究》第一卷第三号至第六卷第三号中连载，还有《五岳诗抄》，刊发于《无尽灯》第二十二卷第十一号等。安藤州一（真宗大学、大谷大学教授，汉学家，昭和二十五年逝世）说："先生博览群书、旁类广通，关于他的学问方面我没有评价的资格。佛学、梵语、英语、诗文等诸方面都达到一流。但是，汉学是他的基础。事先不调查准备，能教授的主要还是汉学方面，先生是这样说的。"说到这里，可以看到，他汉学和汉诗的造诣非同一般，这也为其在学术方面的活动打下基础。

南条文雄《怀旧录》中文版在中国大百科全书出版社出版，可以促进中国学术界和佛教界对中日佛教文化交流的了解与研究。此书的出版也将成就两国佛教学术交流的又一佳话。

嘉木扬·凯朝

2016年10月

代序：南条文雄与杨仁山的交流

由于嘉木扬·凯朝博士的努力，大德南条文雄所著《怀旧录》（1927年9月20日，大雄阁刊），有幸被翻译成汉语，终于得以出版发行。在此我表示衷心的祝贺。

众所周知，南条文雄是日本首批获得文学博士学位的学者。他在青年时代就赴英国留学，师从麦克斯·缪勒博士，学习印度佛教、梵语等，在日本佛教界影响甚大。而且他还是出生于日本佛教净土真宗大谷派寺院，做过日本大谷大学第二任校长，能够代表日本学术水平的著名学者。他晚年曾游学日本各地，对一般普通佛教信众也能做到一对一地开示讲经说法，深得日本僧俗的爱戴和崇敬。

南条文雄在英国伦敦只见过杨仁山（杨文会）一次。杨仁山是清代末期著名的佛教居士，对当时中国佛教界有过一些批判性的思想和言论。就是这位杨仁山居士能够积极地寻求学习佛教的真谛，特别是寻求马鸣菩萨所著的梵文本《大乘起信论》。就此佛缘，他向南条文雄提出《大乘起信论》是否有梵文本的问题。南条文雄没有马上回答“有或无”，而是在从英国回到日本也没有找到梵文本《大乘起信论》后，才把此情况告诉了杨仁山。杨仁山感到很遗憾，也很失落。杨仁山还谈到当时中国的很多佛教经典失传和遗失，希望从日本往中国邮寄这些经论。南条文雄很快就把杨仁山所需的与中国净土教相关的论著寄到中国。

南条文雄和杨仁山的交往，是从南条文雄在英国伦敦留学开始的。他们相见的时期有多种说法。南条文雄在《杨文会氏的回忆》（上）[①]中说：

> 我们俩最初见面应该说是在明治十三年（1880），是在英国伦敦日本驻英大使馆，末松书记生寄来一封信，说有一位中国驻英大使馆的佛教徒，请求一定要见南条文雄先生。就这样，在末松书记生住处见面。要求见面的这个人就是杨仁山，他把自己翻刻的《大乘起信论序》赠送给我，还问我有没有梵文本《大乘起信论》，我回答还没有见过此版本，杨仁山居士说，他入佛门的起因就是受《大

① ［日］《中外日报》，明治四十四年11月12日。

乘起信论》的影响。特别需要梵文本《大乘起信论》，如果没有梵文本的话，一定要把汉文译本保存好。

关于那个时期他们见面的情况，还有各种说法。[①]

> 弟在沪上与松本上人谈次，得悉真宗高士，有西游者，秉拂于英。顷至伦敦，晤末松氏，询知二公退居学地，精习梵文。惜离都稍远。不获访造，瞻仰高风。钦佩靡已。[②]

上述引文后还说曾邮寄过书信。杨仁山在上海别院与松本白华谈话中，知道南条文雄和笠原研寿二人受东本愿寺之命赴英国学习佛教学。其后不久他去伦敦，在清朝公使馆工作，在与末松氏见面时听说他们二人正在牛津大学精习梵文。因为首都伦敦离牛津大学有一段距离，所以，未能有机会拜见他们，只能给他们写信表达敬服之心。此信件落款是1880年4月26日，这是南条文雄第一次收到杨仁山的信件。

南条文雄后来认为“明治十三年4月”为初次见面日是有误的，

---

① ［日］中村薰：《中国华严净土思想》（2001年，法藏馆），《杨仁山的日本净土教批判》第五章，第260页。

② 《等不等观杂录》卷七，《与日本笠原研寿、南条文雄书》，《杨仁山全集》，第472页。

应为1881年6月30日。无论如何，他们在伦敦见面是事实。就这样其后20多年他们进行了持续的交流。

当时的情景南条文雄在《怀旧录》中有详细记录，上述内容与《杨文会氏的回忆》（上）中的表述几乎是一样的。两人的笔谈也把各自的想法传达给了对方。南条文雄说，杨仁山是一个“虔诚的佛教徒”。杨仁山把自己翻刻的《大乘起信论序》赠送给了南条文雄，问有没有梵文本《大乘起信论》。这也是杨仁山面见南条文雄的目的，他需要的是《大乘起信论》梵文本。但是，这个《大乘起信论序》是不明确的。这个《大乘起信论序》很可能是法藏的《大乘起信论义记》。《大乘起信论义记》是中国唐代华严宗大成者贤首大师法藏的著作。所以说，当然没有梵文本。

这个问题只有南条文雄自己清楚。事情是这样的，杨仁山自己也说：“我是通过读此《大乘起信论》皈依佛教的”[①]可以看出他是信奉《大乘起信论》的人。又说：“自身以马鸣的大乘为契机，以净土为缘，以莲池为因，即是遵循华严学方山。”[②] 就像他说的一样，受《大乘起信论》而启发，从莲宗的云栖袾宏学习净土教，自

① ［日］南条文雄：《怀旧录》，1995年，日本平凡社，第139页。

② 此《大乘起信论》，在今日有印度撰述说和中国撰述说两种说法。如果是中国撰述说的话，就应该没有梵文本。但是在那个时期，认为是印度撰述说的，所以找梵文本。杨仁山自己也半信半疑，说“如果没有梵文本的话，一定要把汉文译本保存好”。

己的教学是以《华严经》为主。这正好表明了他在牛津大学力推中国净土教。

与此有关的情况，南条文雄也在《杨文会氏的回忆》（下）中说，居士对华严法门有兴趣，所以，他翻刻了很多与《华严经》有关的经典。可以看出他依循《大乘起信论》而入佛教。[①]

杨仁山是华严学者。华严宗的圆融无碍的世界观和净土真宗的选择本愿的世界观是对立的；杨仁山主要对日本和中国的净土教之论争的问题进行分析研究。后来南条文雄赠送给杨仁山经典，得到之后杨仁山便迅速进行了翻刻的工作。这些赠送的典籍如下：

1.《赞阿弥陀佛偈》	北魏昙鸾作
2.《往生论注》上下二册	同上
3.《略论安乐净土义》	同上
4.《安乐集》	唐道绰作
5.《观无量寿经疏》四册	唐善导作
6.《成唯识论述记》二十册	唐窥基作
7.《阅藏知津》二十余册	明蕅益大师智旭作[②]

① 《等不等观杂录》卷五，《与李小芸书一》，《杨仁山全集》，第439页。

② ［日］南条文雄：《怀旧录》，1995年版，日本平凡社，第140页。

如上所述，杨仁山在此初次得到日本净土教保存的昙鸾、道绰、善导的书。据南条文雄的《杨文会氏的回忆》（上）：

> 在中国很多佛书被毁掉。其中，有关净土门的有昙鸾大师的《往生论注》、道绰禅师的《安乐集》、善导大师的《观无量寿经疏》等。[①]

上述被中国所继承的典籍，元代以后就无法看到了。

如上所述，杨仁山很早就对净土典籍进行了翻刻。杨仁山说："敝处创办之始，公议条例中规定：凡有疑伪者不刻，文义浅俗者不刻，乩坛之书不刻。"[②]

可知，金陵刻经处，创设当初，以公议"三不刻"为规则。（1）疑经和伪经。（2）浅薄低俗的书。（3）与迷信占卜祭祀有关的外教的书。这三种书不能翻刻。

杨仁山还说："前因北方君嘱咐将《七祖圣教》刻全，遂检阅《选择本愿念佛集》（简称《选择集》），觉其中违经之语甚多，已略加批评。复将《真宗教旨》详览一遍，逐细批评，送与北方君。"[③]

---

① ［日］《中外日报》，明治四十四年11月14日。

② 《等不等观杂录》卷六，《与郭月楼书》，《杨仁山全集》，第467页。

③ 《等不等观杂录》卷八，《与日本南条文雄书二十二》，《杨仁山全集》，第502页。

如同上述一样，真宗七高僧的圣教之内，昙鸾的《净土论注》、道绰的《安乐集》、善导的《观无量寿经疏》，很早就已经刊行了，但特别是法然的《选择本愿念佛集》，已颇有很多《评选择集》对之进行评判。同时正好在那个时代，小栗栖香顶为了在中国布教刊行了《真宗教旨》，杨仁山有机会读了此书，并作《评真宗教旨》来批判，让北方君转交给了南条文雄。由此可知，杨仁山从南条文雄处得到过很多经典，但还是精选翻刻，比如，《选择本愿念佛集》就没有翻刻。

他们二人交流得非常深，可是，后来再也没能见过面。南条文雄在《怀旧录》中说：

> 明治三十五年我赴法属东京[①]时，拟前往南京拜访仁山，由上海事先呈寄了信函，可归途路过上海时，已值年末，且听说南京寒气甚是峻猛，遂放弃了南京之行，遗憾没能达成目的。回到东京，即致送书函，或因仁山已是年迈病弱之故，以后再没能接到该君的书信。[②]

这些情况，南条文雄在《杨文会氏的回忆》（下）中作了详细

① 这里是指越南北部的古城东京，即今河内市。

② ［日］南条文雄：《怀旧录》，东洋文库359，日本平凡社，1979年，第139–141页。

叙述。

日本有很多有关佛教的古书，所以杨仁山想一定要去日本看看这些书物，也见见有关的日本学者，可是都没有实现。到了晚年，因为身体虚弱，也就未能实现理想。我在明治十三四年的两年期间，在英国与他见过一次面以后再没有机会见面。明治二十年我去中国的时候，登了天台山，去了杭州和苏州。杨仁山居士的住所则未能去。又在明治三十五年，去东京[①]时，回来时本想在上海让小田切领事给我当向导，有机会访问杨仁山居士，同行的高楠、藤导二君，急于回国，小田切领事年末也繁忙，没有时间给我当向导，就这样也没有能访问杨仁山居士。此时已经准备见我的居士，感到非常失望。其后，明治三十九年因京都藏经书院的帮助，从那里借佛书给杨仁山居士，进行了多次书信往来的交流。明治三十九年以后，他与藏经书院的中野君直接以书信往来。明治四十三年5月随我派的法主赴上海，因南京有博览会，如果法主去南京的话，我也一同随行，想见杨仁山居士一面，可是法主没有去南京。因为，他在日本听说杨仁山居士去世的消息。在上海的时候，我曾经给金陵刻经处写信问过杨仁山居士安否，

① 指越南北部的古城东京，即今河内市。

> 但是，没有回信。光阴似箭，自从英国一别之后，很可惜再也没有能见上一面。[①]

就这样，南条文雄与杨仁山在英国见面以后，就没有再见面。杨仁山非常希望来一趟日本，可惜未能实现。南条文雄也两次来到中国，但是都没有得到再会的机会。可是，二人在佛教文化方面的书信交流35次，他们的交流超越个人交往的意义，是为日本和中国佛教交流而进行的。

南条文雄和杨仁山，多次进行经典交换的情况，是众所周知的。《杨仁山居士事略》中记载说："得来藏外书籍二三百种，因择其最善者，亟付剞劂。"[②]

在《等不等观杂录》卷三中记载说："凡中华古德逸书辄购之，计三百余种。"[③]

其中，可以说有200部是有关净土的书籍。有关这方面的事情，南条自己在1912年9月所作《大日本续藏经序》中记载说：

> 中国亦有印经之举。最为便捷，此指书院翻刻藏经之事。亦可以知金陵刻经所之缘起也。明治二十四年以后，

① ［日］《中外日报》，明治四十四年11月12日。

② 欧阳渐：《杨仁山居士事略》，《杨仁山全集》，第582页。

③ ［日］《中外日报》，明治四十二年11月14日。

> 与道友相议，所赠杨仁山居士日汉内典凡283部，而杨仁山居士翻刻却赠回者，殆及十余部。如昙鸾、道绰、善导、窥基、智旭之书，亦在其中。杨仁山居士已熟知刊布之难，而藏经书院每月不误其发行期，是杨仁山居士之所以随喜供给其材料也。而杨仁山居士已于去年易箦，不能见君之成功。是为憾耳。

南条文雄赠送给杨仁山的日文和汉文的经典的总数是283部，这是很明确的。其中，如已经说过的那样，在中国纷失的昙鸾、道绰、善导等的净土教典籍包含在内。就这样，杨仁山居士把其中认为重要的选出翻刻。不言而喻这是一件非常困难的工作，南条对居士工作之精神而感到惊讶和赞叹。也是随喜居士的功德之事。很可惜，《大日本续藏经》问世的前一年，居士已经去世。对南条来讲，这也是很遗憾的事吧。还有，明治四十二年（1909）的《中外日报》上刊登了以《支那佛教的恩人》为题的文章，对南条文雄和杨仁山之间互相没有见过的典籍，以及互相不知道的典籍介绍了交换的情况，还介绍说，杨仁山是中国一流的佛教学者，是中国佛教的恩人。

就这个问题，南条文雄在《怀旧录》中说，杨仁山以梵本为基础，对搜集出版在中国已经散失的佛教经典，尽了自己的全部心力。杨仁山居士的金陵刻经处，对中国佛教复兴作出不可磨灭的巨大的贡献。

以上是为嘉木扬·凯朝博士努力翻译的汉文南条文雄《怀旧录》而作的序，希望中国学术界、佛教界及其他各界人士更多地了解南条文雄的事迹，这对一衣带水的邻邦——中日佛教文化的交流互鉴、源远流长和世代友好，将发挥积极的促进作用，也是我莫大的祈愿和幸福感所在。

合掌致意！

日本同朋大学（原校长）名誉教授　文学博士　中村薰

2016年6月4日（佛初转法轮日）

目录

僧兵时代

我出生在岐阜县的大垣十万石城。该城有200多座大谷派的寺院和40多座本愿寺的寺院。我作为大谷派誓运寺的第三个男孩呱呱落地。

屈指算来童年时代的回忆还真不少，但留下深刻印象的，是庆应二年（1866）十二月我成为大垣藩的一名僧兵，那一年我18岁。多年后我赴英国留学，从师6年的恩师弗里德里希·麦克斯·缪勒（Friedrich Max Müller）博士让我填写一份详细的简历，当我加上“僧兵”一项时，缪勒博士笑我道：“这真是一份有趣的简历啊！”的确，这是一份不同寻常的简历。

想出招募“僧兵”这个事的，是大垣藩一个叫小原铁心的人，目的是希望百姓能为军事作点贡献。于是，组织真宗两派的住持和弟子，从中选出15岁至40岁之间的身体强壮者。我是三男，首先被选中，自己竟也高兴得跳了起来。当然，这事的前提是要在获得大本山认可之后，在大本山需要时才能前往京都。正式接受调教是在我18岁那年的十二月，由当时被称为大垣和尚的传马町，现在的大垣别院院主、敬信院大井胜相准连枝任队长，大垣藩派来的几个人担任教授指导。前面说过，由于大谷派有200多座寺院，所以从中选出了120名僧兵，而本愿寺派只有40多座寺院，最后只勉勉强强选出来40名。然而，有趣的是，这个僧兵队伍的名字，大谷派取《维摩经》中的一个词，号称“绍隆兵”；本愿寺派则取名“炎王兵”。本愿寺派人数不多，就承担现在所说的炮兵任务，所以叫“炎王兵”。我们“绍隆兵”则相当于今天的步兵，扛枪的。120人中每30人编为一组，共编成4个小分队，首先从齐步走、踢正步开始训练。僧兵的练习场地安排在别院内，但有时也会去西舟町的操练场。在别院的院子里排好队，一听到“排成一列前进”的号令，120人就会立刻排成一列纵队。如果是大井队长亲自指挥，还要实行戒严，不许一般行人通过。听到“往后退、往后退”的“警跸”声，过路的老百姓都要后退静候，直到这排成一行的120名僧兵全部通过才能走动。当时我是一副满不在乎的样子，甚至是不屑一顾地通过了，现在回想起来，感觉非常抱歉，对不起老百姓。不过，当时僧俗都有一种征战的风气，看到我们排成一列队过来，那些百姓口里还喊着“假和尚队伍来啦”，笑看我们通过。我们则以一副“什么？我们可是奉公行事哦”的表情，毫不买账。另外，我们大谷派的“绍隆兵”与本愿寺派的“炎王兵”之间还常常出现恶语相伤之事。双方关系倒也不是特别不好，但总是口出恶言，比如，说人家：“炎王兵拉着火车走，真是阎魔王手下的狱卒呀！”对方也不甘示弱，所以，总是口角不断。

我们去操练的时候，“炎王兵”也出去，训练放那四门大炮。僧兵们穿着怪异，咕噜咕噜地转动大炮的场景，现在的人见了估计会喷饭吧。另外，我们“绍隆兵”的装扮也甚是奇怪，当时真宗僧侣只要出行，都像武士那样插着两把剑，提着那种硕大的吊剑走路。那个时候还没有军刀这种东西，当然，步枪也是旧式的，非常沉重。我们每月有一次射击训练，也就是实弹射击，一个叫田附兵助的人担任教师。最初我一个目标也打不中，到后来偶尔好像也会有击中的时候。除了枪炮射击之外，也有人练习击剑，但我始终没有练习过。可是，多年后我来大谷大学，竟然被推荐为该校击剑部的部长，我完全不谙此道，所以多次拒绝，可是无论我怎样推脱，他们就是不答应，就这样，我没有一点儿经验，却当了一段时间的击剑部长，真是一段不可思议的缘分。

我作为“绍隆兵”的一员，每天都扛着沉重的步枪参加训练。我的大哥身体虚弱又患上了眼疾，由于一只眼睛失明，而被免除了此役。二哥是邻寺的住持，所以自然成为“绍隆兵”的一员。我们二人从自己寺院的正门扛着枪去别院或操练场参加训练。虽然说是练习，也无非就是反复地做一些统一步伐或者跑步等活动而已。那种跑步不是像现在的士兵那样扛着枪跑，而是横抱着枪跑，步伐训练也不过是绕着长为三里或五里的圈走。也就相当于现在的长距离竞走或跑。这种操练常常是绕着大垣的街道进行，说来真有点傻乎乎的，行走的时候，要踩着“咚咚锵、咚咚锵、咚锵”的鼓点，敲鼓的是另外选出的五名年轻人。那个时候还没有喇叭，所以，一切暗号或号令等，都是以敲鼓来进行。此外，监督管理这些事，分别由等觉坊、誓运寺、普念寺、光庆寺、长源寺的各位住持，即五名老僧担任。一到训练日，就要先去五位老僧那里，在出勤簿上做记号。因为在训练日每人可以领到禄米，所以，一到月末，这些老僧们就按照出勤人数，计算该分配的禄米数。

到庆应三年丁卯，我迎来了我生命的第十九个春秋。这一年全年我都是作为“绍隆兵”的一员度过的，并且荣升为向导，成了代理司令士。我曾在北京偶遇当时已成为教授的塚本少将，他告诉我这个职务相当于现在的陆军代理上士。当时的同事有20人，但现在都毫无音讯了。当年的少年鼓手，现在也已年逾古稀，有的恐怕已非此世之人了吧！同事中大概十之八九已作古了。早前曾希望召集大家见个面，叙叙僧兵时代的往事，但现在已经没有这个奢望了。

当年120名僧兵中，除了我，只有沼僧淳君一人健在，他住在大垣。现在一直保持联系的就只有他一人了。沼僧淳君是我幼时的朋友，比亲兄弟还要亲。他的父亲是从滋贺县到大垣长胜寺来当养子的，是留下沼僧淳君过来的。因此，他出生在近江。父亲的养父圆寂后，父亲接任了其职务。他来长胜寺之后，我们相处得非常和睦，现在他是我能听到消息的唯一一个乡友了。同时，也是唯一一个能跟我谈论僧兵时代往事的人了。

我除了操练以外，有时还到藩[①]所办的学校去听讲解汉籍的课程。那时，人们把学校称为敬教堂，按规定平常只有武士才能做学问，但由于是僧兵，故可以特许听课。有一次，一个叫井田五藏的人讲解《孟子》，讲的哪章我忘了。由于他讲得极富“韩非子”式的牵强附会，颇让人怀疑，所以，我向僧兵队员们表达不满说：“他认为我们是出家人，就轻视我们。”不过，看样子大家都没注意，谁也没把这事当真。不过，到最后我还是给大垣藩的督学村藤阴先生说了这个事。先生是个极为谨慎率直之人，他说：“是啊！他根据对象不同稍微说几句不着边际的话，已不足为奇。据说前几天，他给农民兵讲解时，还说了些奇怪的话，好没趣。这种事今后还会有的，注意一下就是了。”

在藩里，把农民兵称为“有待兵”，这个名称来自于《孙子》的“故用兵之法，无恃其不来，恃吾有以待也；无恃其不攻，恃吾有所不可攻也”。魏武帝曹操注释的“安不忘危，常设备也”，实乃至理名言。这一节不仅出现在兵书上，而且在我们真宗《安心

① 日本江户时代的诸侯领地之意。

集》里也有“必使心安”一节。

那一年就以这些事情而告终。除此之外无他。由于身处刀枪之中，不知不觉气息变得粗野，说话也是不知惭愧惶惧，记得好像还喝酒。话虽如此，不能忘怀的是这种僧兵生活却强壮了身体。我相信这种三里或七里跑圈训练确实有益于身体。我本来生性虚弱，但是自此之后没有得过什么大病，在多年留学期间也曾几次国外旅游，身体都平安无事，至今我已活到79岁，我想这主要是得益于僧兵时期练就的一副好身体。

19岁那年，在我身上竟然发生了一件因喝酒而打架的事情。也记不清什么原因，甚至对方是谁都忘记了，总之，是出于青年人的血气方刚。打过一次架这回事确实还是记得的。

岁月流逝，转眼到了庆应四年戊辰，我20岁。那年春天，空中渐渐飘来一股群情骚然之气。在这一年的九月八日，天皇改年号为明治，并颁发一世一元诏书。在中国，明朝时期有过一世一元制，而日本则是从这个时候才开始的，所以非常喧闹。之前改年号这件事，是遇到祥瑞为了仿效吉祥改年号，遇到灾异则为了消灾免难改年号，所以年号始终在变动。大佬井伊直弼被刺杀时的“万延”这个年号，仅仅持续了一年，所以甚为讽刺。因此才有了那些嘲讽改年号的匿名打油诗。嘉永七年，把年号改为安政，之后不久即在江户发生了那么大规模的地震。随之有讽刺家说：“安政一改号，震灾发生了。如此这等事，还是‘嘉永’好。”从那以后便出现了一些有失体统的打油诗。一件发生在天宝改年号为弘化时，由于之前发行了天宝通宝铸钱[①]，所以出现了讽刺诗："天宝出了'虎子'钱，由此乃称为'后架'。"[②]这之后立即改年号为弘化（"弘化"与"后架"的日语发音相同），所以是效仿后架。原本安政元年大地震时，我刚6岁，后来稍微长大一点才知道，好像当时那些茶道的茶坊主们总在考虑这些事，坊间的打油诗着实一针见血。

以会津、桑名二藩为主力的德川兵与官军在伏见发生冲突始于这一年的正月。一名特使急匆匆从大本山来到大垣藩，让我们这些训练一年有余的"绍隆兵"开赴京都。老僧们立刻召集会议进行讨论，最后决定除住持以外，僧兵全部开赴京都。大谷派以前一直受德川家恩典惠顾，所以当然是要全部出动的。前面也说过，我的二哥也是"绍隆兵"的一员，但此时他已到邻家寺院作养子，所以躲过了此事。作为三男的我成为了派遣队的一员。那个特使来的时候，正好是午夜，我在熟睡中被父亲和大哥叫醒，猛地睁开眼睛，立即感觉到寺内发生了不寻常的事。跳起来后，听到有人宣告说："你也是派遣队的一员。"我至今还记得当时大本山特使带来的文书内容，文书上写道："值此德川家浮沉之际，贵寺接此命令后，

---

① 此钱以八厘充一两。

② "虎子"和"后架"均为日语，前者发音为"おかわ"，是指小孩和病人用的便器；后者发音为"こうか"（与"弘化"的发音相同），是便所的意思。这里是指1853年日本仁孝天皇发行的天宝通宝铸钱，从形状看像便器。

速差绍隆兵前来应援，云云。”末后有户田采女正殿内寺社奉行等字样以及满纸的签名。这是由于之前有约定，在大垣藩征得大本山认可的僧兵组织，一旦遇有危急情况，即听从调遣为大本山所用。

然而，到了第二天，从大本山又火速赶来一位特使，说接到出兵情况有变的通知，紧急取消了开赴京都一事。事实上，由于是临上战场的前一夜，所以，我理所当然地出现了非喜悦亦非恐惧的紧张情绪，搞得自己彻夜未眠。现在回想起当时的情景，还感觉冷飕飕的。万一我们扛着枪，只要离开大垣藩一步，就立刻会被冠以朝敌的名声的。确实是千钧一发，倘若大垣出动了僧兵这件事被官军知道了，也许京都的东本愿寺立即就会被大炮击中。然而，幸运的是由于第二个特使的出现，没有发生不测事态，这一定是诸佛的护佑。想起来都会汗湿项背。

行动突然取消有很多原因，但据说是由于有人在三条桥上立了一块写有“户田大垣藩主参与朝敌，云云”的告示牌。因为这件事，不久“绍隆兵”就解散了，随之我这持续了两年的僧兵生活也宣告结束，由此我的僧侣生涯亦得以恢复。

高仓学寮时代（一）

“绍隆兵”被解散时，我20岁。那年四月，我下决心做学问。得到父亲和哥哥的许可，便前往京都高仓学寮。这是我第一次离开故乡。

到达高仓学寮时，正好赶上夏诘刚刚开始。所谓夏诘，就是夏安居的意思，即从四月十五日开始到六月二十六日结束。在这60多天里，每天都有讲师授课。在这里听课的学生叫所化，夏安居期间每天安排两名所化轮流值日，值日的任务是做门卫，按时敲钟，或事先通知讲师授课时间等，相当于今天杂役或干事所要做的事情。门卫同时也兼做其他一些零碎事情，如管理学生宿舍和安排讲课、讲演座位之类的事宜，等等。我至今仍然记得门卫墙上写的狂句——“值日差事小，讲师出名少不了。”除了所化值日以外，长期值班的门卫人员，是一位叫清助的老爷爷。我进学寮的那年夏安居时，续讲《大无量寿经》的讲师是香山院的龙温（后改称樋口）讲师。我因还能回忆起当过值日而感到自豪。长年当门卫的老爷爷，其本职工作就是给内职提灯照明。老爷爷经常以当年香山院讲师值日为例，激励我们。

我的乳名叫恪丸，也叫恪顺，入寮后席名一直叫僧恪。席名是源于当时一个有趣的制度用的词。要想解释这个问题，须从学寮制度开始。在高仓学寮，权衡寮司和拟寮司的任职，是要论资排辈的。因此，那些望子成龙的父母，在孩子没有入寮的情况下，先把孩子的学籍加入到学寮里。这样就自然成为学寮的在籍学生了。进学寮入学籍的名字被叫作席名。当然，乳名一直要用到本人真正地入寮为止。所以，我也从慈悲的父母那里得过席名。

首次踏上旅途，感到说不出的寂寞。还记得一首那年四月离家不久所写的诗句：

故乡遥隔几山川，唯有爷娘心上悬。
京寓一旬知己少，客窗无事日如年。

诗词的字面意思暂且不论，在这首诗里，实际上还隐藏着一件往事。讲出来有些自鸣得意，亦有点不好意思。当时写诗的动机是这样的。

我去时是四月。同寮的秀山寮司与我同是美浓人，他出生于现在的竹之鼻别院属下小荒井的一个什么寺院里。由于他是一个自尊心非常强的人，所以得了一个绰号，人称“大天狗”。一般当了寮司，都是会趾高气扬一些的。然而正因为被叫作“大天狗”，此人便愈加炫耀那些微不足道的长处。有一天，他召集年轻人，吹嘘“三体诗”中的吟诗和作诗的方法等，仿佛那是自己发明的一样。他对我说：“僧恪，你也过来。”把我也带到他们当中。他说：“如果没有诗作本和韵字的参考书籍，诗是写不了的。常常吟诵且通达诗道，写出来的诗自然就会有平仄的顺序，也会知道是否押韵。”接着，他瞄了我们一眼，似乎在诘问：“你们说说，有没有这个能力？”于是，我便即兴作了一首，就是上文的平起七绝诗。

受父母的恩典，我很早就有了学寮籍，并且入寮后5个月就升为拟寮司。当时学寮规定，称为“入役”的拟寮司和寮司不参加轮流值日。所以，我值日当门卫的时光是很短暂的。

我的学寮生活在经济上并不太富裕，尽管那时物价很便宜，一个月各种费用加起来也就一枚二分金币。可是，我连这些学资也没有，只能不断誊写或刻蜡版来补贴一点。前面说过，那年的主课在庆应二年夏安居期间开讲，由香山院的讲师续讲《大无量寿经》，已经讲完了正因段。第二次开讲的讲师是威力院的义导（后称福田氏）嗣讲《往生论注》。我学资不足，便把讲义笔记誊写了一遍，算是补足了学费。誊写有两种，一种是本誊写，另一种是中誊写。

本誊写是交给大本山的，中誊写是留给学寮的。誊写规则是10行共20字，誊写3张得一钱。另外又刻蜡版。这年威力院嗣讲的《王法政论经略注》《随喜闲愁录》《天恩奉戴录》等3本书由我刻蜡版，用刻蜡版的收入充了学费。由二分金币联想到发行太政官纸币也正是在那个时候。在一张长方形的纸上竖着写上金一两、太政官的字样，背面写上通用限期十三年这样的文字。民间对这个“太政官”纸币的评价非常不好。如果是二分金币的话，在任何地方都能兑换。也就是说，一两面额就只值一半二分金币的价值。好像是三浦观树将军，或者是其他人说的，在长州等地根本没有通用过。

值日的另一个工作，就是担当宣导，这是指每晚寮生要轮流进行说教。我也担任过一次。因为听众都是同学，加上我17岁就跟随稻叶道贯担任过前座，所以在众人面前也不怯场。所谓前座无非就是背诵经书讲讲短文而已。我相信自己从稻叶先生身上学到了很多精神方面的知识。

稻叶道贯——得一寮司，后来为香雨院拟讲，他为人正直认真，堪为人师。我至今一路走来操行正当，全仰仗这位先生的熏陶，在此深表感谢，师恩难忘。他又是个笃学之人，晚年为了出版缩写的《藏经》一书，奔走于东京，忙于校对。我入高仓学寮时，就是带着这位先生写的介绍信去的。

在学寮上课，除本讲、次讲以外，还有内讲和许多副讲。当时的内讲是圆重寺升道（后称铃木氏）拟讲的《起信论义记》。副讲有很多，其中潜龙寮司（后为冷香院楠讲师）的《俱舍论》、戒忍寮司（后为广陵了荣讲师）的《因明大疏》等都是非常有名的。我入寮两个月，与美浓的秀山寮司在同一个宿舍。到了七月，便与三应（后称胁坂氏）寮司、至道公（后为桑门氏）同一个宿舍。从八月到翌年明治二年的七月，与后来的一乘院吉谷觉寿讲师，即当时的大安寮司同一个宿舍。去年病逝的池原雅寿讲师，他当时的席名为圆山，担任过拟寮司。

八月，香山院讲师与阐彰院东瀛嗣讲向大本山申请，计划在高仓大街上马场东北角的井波屋开设护法学场。把这个地方称为护法学场，目的是为了鼓励高仓学寮的学生，探究破邪显正的护法手段。我每天与大安寮司等一起去上学。基于破邪显正的主张，阐彰院嗣讲把汉译耶稣教的圣典放在讲桌上，给我们讲了很多。因此，我们这些学生自然就分为佛教徒和耶稣教徒了，也曾经讨论过教义的优劣。不管怎么说，当时真是朝气蓬勃、好学向上，那情景至今回忆起来，心情仍然非常愉悦。

从这年十二月五日开始，香山院讲师开设“七佛通戒偈”课程。另外秋讲时，又与大安寮司等共同发起戒忍寮司《成唯识论述记》的副讲，每天学习读诵和听讲，此讲结束时已是第二年的七月了。

还有潜龙寮司《俱舍论》的副讲，评价也很好，大家对100个抉择论题做了笔记。冬日的白天虽然很短，但是还分上午和下午进行讲习。后来，唯明寺拟讲法云寮司很推崇他们的热心与耐心，便作了二句诗：

述记空谈竖板水，俱舍细论痒处手。

以此也可以看出讲者的耐心和听者的热心。

在《俱舍论》的听讲者中，有香山院讲师的儿子龙吟公。他一直与我同桌，是我非常要好的朋友。明治九年，我奉现如上人之命，赴海外留学时，曾去大本山寺务所与学友和法友们告别，之后便走出了寺门，记得当时只有龙吟公一人追到了门外，恋恋不舍地与我告别一番。数年后，我身在异乡，却突然收到龙吟公去世的噩耗。

我理解香山院老讲师那白发人送黑发人的心情，便从遥远的牛津客舍给老讲师写信，以表达哀悼之情。

结束了8年的留学生活，返回日本的第二天，我去拜访了老讲师，他向我说的第一句话就是："龙吟去世时，收到了你从远方寄来的哀悼信，不胜感谢！"我理解他的心情，当时真是无言以对。

高仓学寮时代（二）

星移斗转，日历翻到了明治二年（1869）己巳，我在高仓学寮迎来了新年。和我一起过年的是大安寮司，后称吉谷觉寿讲师，后来他成为帝国大学的讲师。因为同为清贫学生，就算是正月，我们居然连着三天都以年糕来祝贺新春。

和我们一起在学寮里过年的人当中，还有威力院义导嗣讲。他平时非常关照我，讲师和嗣讲都有独立的宿舍，他经常叫我去他的嗣讲宿舍。这个威力院，与其说他毫无风采，倒不如说他脏兮兮的，尽管这样说有些失敬。不过，他的脸真的很脏，眼边又经常挂着眵目糊，不修边幅，恣意随性，还总是用双手来回搓沾满眵目糊的脸。用那口肮脏的土锅咕嘟咕嘟地煮年糕，然后喊道“尊者，吃呀”。现在回想起来，他的确是个满怀慈悲的人，听说他曾经下决心想把我收为他的养子。可能是缘分不具备吧，最终没有满足他的愿望。

在高仓学寮，除了夏安居以外，还有春讲和秋讲。春讲是从二月开始，秋讲则是从九月开始。这一年是明治二年，春讲由飞弹真莲寺的荷州拟讲讲授《执持钞》，春讲进行得很顺利。但是，那年夏安居，学寮里却发生了一起学生骚动。并非是今天所说的学生运动，而是由于在教义上存在不同见解所引发。这件事没处理好，逐渐发展成很棘手的矛盾了。发生这场矛盾时，我已经成为拟寮司了。当时，我与江州的灵感公二人，被选为拟寮司的役席管理一职，主要负责维持讲堂秩序，并从拟寮司当中选出值班人员，分成两人一组，我们的任务就是决定人选，确定值班等。

这年夏安居的本讲是贤殊院得住讲师讲解《净土文类聚钞》。问题的发生就来自于这位贤殊院讲师。一说到贤殊院，就会让人觉得这个名字似乎大有兼具文殊、普贤之德的意思，听起来有些“贪婪”。我也不知道是不是有这个意思，但是，他让人把“贤”字读成浊音“gen”。另外，文殊普贤的“文殊”这个词，不过是梵文“Manjusri”的汉语音读，文字本身当然没有任何意义。然而，不知缘何，却有很多人把“殊”字理所当然地写成“珠”字。也许因为是菩萨，希望他特别美好而选用“珠”这个字，不过这反而招来了反感。

闲话打住！本讲在讲解《净土文类聚钞》时，有人指出，贤殊院讲师在辨析文中出现的“唯信释迦如实言”一句时，讲过了头。他认为，从“唯信”这个词语推演的话，阐彰院嗣讲在护法场讲基督教的著述是多余的。于是，护法场提出抗议，说在护法场无视本宗派的讲解是一件令人不解的事情（当时就这么说）。他们一定要将此事追究到底，从而群情激昂产生矛盾，以至于听众中出现了暴徒。所谓的暴徒，就是越后皆顺寺的不知名者和远州金谷西照寺的龙湫二人。皆顺寺的那位，人们甚至都称他为铁棒，因为他经常拿着个大粗铁棒走路。西照寺的那位也是长得高高大大的，本事也大得惊人。前面讲过，为了保证授课时的肃静，专门设有监督值班人员，这一严格的命令得到很好的贯彻执行，在讲课中，大家都很安静。没有人在座位上交头接耳小声说话，就连开关房门及在走廊走动等，只要声音稍微大一点，都会被提示“肃静”！

可是，在矛盾逐渐升级以后，有一天，门外来了咔咔咔踢趿着鞋走路的人。当时，正好贤殊院讲师在上课，我那时已经是役席负责人，并且正在当班，便上前制止道“安静点”，无意中一看，正是那位铁棒和那个大汉龙湫。他们二人不听我劝阻，哗啦一声打开讲堂大门，径直走到讲师面前，开口便说“有事请教贤殊院讲师”。我想制止他们，但是他俩都有惊人本领，我没本事，不敢出手，没办法，只能无可奈何地盯着他们。我现在已经记不清当时那两个人向讲师问什么了，似乎是模仿《淮南子》里的说法——“若抑制排佛，则排佛日盛；若抑制耶稣教，则耶稣教日盛，这是什么意思？”然而，贤殊院讲师什么也没回答，一直看着下面，走下了讲台。

由于这件事，争论愈演愈烈，以至于本讲不得不宣布临时停课。而且，寮生们认为：“授课老师不能回答疑问，即使记课堂笔记，也没有什么用途，反而弄脏了笔记本。干脆把那部分撕掉烧毁吧。”于是，寮生们约定集体撕毁笔记并在宿舍前烧掉了。

这时候进入寮生和授课者之间，调解双方争执的是香山院讲师。而且，他把贤殊院讲师定为“已讲”，学习暂时告一段落，让这件事平息了下来。“已讲”这个名称，以前在奈良东大寺等寺院曾经使用过，用于称呼讲过某讲义之人。但是，大谷派使用此称呼，尚属首次。当然，语义上也由于上述原因，出现了很大区别。

在贤殊院讲师的侍随者当中，有一位叫巧慧的人，后来他去了福井的净得寺。此人认为他的恩师被弄得落下个“已讲”之名，惭愧至极，遂给授事所递交了建议书。所谓授事所就是指管理学寮的事务所，最初也叫过知事所，但后来改称授事所。

且说，转交这个建议书的人，便是我。可是没想到，这个事却成了寮司之间的问题，他们喊我：“僧恪，你过来！”我过去一看，只见四叠半大的寝室被隔成两部分，十名寮司并排坐在那里。他们要问我的是：“你转交关于贤殊院讲师的建议书，是基于什么考虑？”后来，事态又发展成他们让我必须离开美浓，不，要与美浓的人断绝交往。我说：“当时我也没有往深里想，只是他让我转交，我就转交一下而已，并不知道里边写的什么内容。”然而，他们根本不听我说的实情。不过在他们当中，也有人提出温和的意见，最后他们达成一致，认为只要与实际内容没有关系的话这事就算了吧。他们叮嘱我道："今后要注意点儿。"这事就这么了结了。回到寮房后，我自嘲地对大安寮司说："可别让我再遇到倒霉的事了啊！"他说："是啊，本来差点就要倒大霉了，还好，现在没事了。"他还告诉了我在我去之前寮司们合计那件事时的情景。

这个时期的次讲，是开华院法住嗣讲讲《净土和赞》，内讲是忆念寺神兴拟讲讲《五会法事赞》，神兴拟讲后来成为我的养父。内讲的时间安排在午饭过后，正好是最犯困的时候。

之前我有耳闻，说戒忍寮司口才很棒。一天，我和大家一起听完课，正要离开座位时，他说："僧恪公，留一下。"我便留下等他，他对我说："忆念寺拟讲说一定要认你做养子。忆念寺两代都是拟讲，肯定有很多藏书。你要真想做学问，不去藏书多的地方，是不行的！"听了他的这番劝告，我说："反正我在家，也不过是姥姥不疼舅舅不爱的老三，去哪儿都行。不过，在没有听取父亲和兄长意见之前，我没法儿回答你。"即使我自己决定去，不与父亲、兄长商量一下的话，也不能回答去还是不去。

这年七月，我回故乡大垣省亲，而且，从那以后，再没回过高仓学寮。

回乡省亲两年

戒忍寮司殷切劝我去忆念寺做养子，我回大垣省亲的那天晚上，即与父亲商议此事。因为正值溽热的七月，我们父子俩便在夜幕降临的院子里放上小板凳，一边纳凉一边唠嗑。父亲张口就否定了我去做养子这件事，他说："你哥哥身体那么虚弱，你给他帮忙最适合不过了。去别人家这种想法是毫无道理的。"由于我二哥已经去给别人家当了养子，所以，父亲的话的确是言之有理。由此，我也就打消了去当养子的念头，决定留在家里。

从八月开始，我与二哥和另外两三个朋友一起商议成立文社，相互之间轮流讲授《庄子》及《唐宋八大家》等汉文典籍。另外，我们每月都用汉文写命题作文，并让野村藤阴先生为我们修改更正。我们把这个文社称为"有我师盟"，取自于《论语》中的"三人行必有我师”。

野村藤阴这个人是伊势齐藤拙堂先生的得意门生。他笃学、谨慎，为人正直。而且，文笔甚好，他的文章后来都被结集为《藤阴遗稿》发行。我也曾秘藏过此书，可惜在大地震引起的火灾中化为了灰烬。此外，他的书法也非常出色，深得藩长老小原铁心的信任，而且在普通民众中也很有威望。

我这样学习的同时，还到父亲和哥哥那里打下手，帮助他们给每天来的弟子讲授汉文典籍。那种教学方法，就是现在所说的个人教授，即一对一辅导。有关讲授方法等并不是特意背下来的，而是听闻和看到父亲和哥哥的做法自然而然掌握的。不过，有时候穿插讲解的佛法，却是在一年多的学寮时习得的。上课一般是在早晨，由于讲、听各一人，所以，随意找个地方，摆张桌子即可开讲。

因为是这种教授方法，所以，师徒关系也很特殊，一有什么喜事，或者当地有什么祭典，弟子都会邀请我参加。那是我回乡省亲第二年八月的事情，我被邀请到大垣南三里开外、有往来于桑名的船通过的沿岸的一个叫川口村的地方参加秋季庙会。当时，我是跟父亲一起去的，但是，又被父亲领着到其他地方，是留在记忆中不能忘怀的一次经历。到桑名要坐约莫十里的渡船。我和父亲坐同一条船，一路顺流而下，欣赏着水门川之秋。船中偶得诗一首。

西岸秋风芦荻花，村村社鼓踏歌哗。

冲雨来寻鸡黍钓，篷窗先认故人家。

那次招待我们的是下一班的学生。主人极为热情，亲手为我们做了农家独有的红豆饭和年糕，那种有如回家般的愉悦感，至今仍难以忘怀。

明治二年的冬天，我从沼僧淳君那里借来了一本古装版《佛祖统纪》阅读。此书的第四十五卷，介绍了宋仁宗时高僧契嵩写的《传法正宗定祖图》（全一卷）和《传法正宗记》（共十卷）。当我读到《传法正宗记》中的“为法不为身”一句时，拍案叫绝、感叹不已，就是皇帝敕以列入《大藏经》中的这一段。据说参政欧阳修读到这句话，前往去见契嵩，终日与语，为之倾倒，从而深得“为法不为身”之真髓。我对“为法不为身”一语也深有感触，并从此焕发了为大法不惜失去身家性命的觉悟，无论是演讲还是被索求墨迹，我都对这句话推崇备至。我奉行“为法不为身”这句话已57年了，今后也依然不会改变。这句话或许是心的呈现，法主许可我的生存院号曰“为法院”。

下面，引用《佛祖统纪》第四十五卷中的一段，也是这句话的出处：

宋仁宗皇帝嘉祐七年（皇纪、后冷泉天皇康平五年壬寅源赖义平陆奥，1062年）滕州沙门契嵩初得法于洞山聪禅师。至钱塘灵隐闭户著书。既成入京师。见内翰王素。进辅教编定祖图。正宗记。上读其书。至为法不为身。嘉叹其诚。敕以其书入大藏。赐明教大师。及送中书宰相韩琦。以视参政欧阳修。修览文叹曰，不意僧中有此郎。黎明同琦往净因见之。语终日。自宰相以下莫不争延。名振海内。及东下吴门。大觉琏禅师作白云谣以送之。——石门文字禅

由于我对这部典籍爱不释手，沼僧淳君终于把它送给我了。可惜的是，这本书在地震引起的火灾中被烧毁了。

明治三年（1870），我22岁。这一年，我差不多都是待在父亲和哥哥那里。不仅代父兄讲解经史，而且也在禾森的妙圆寺，以及后来沼波和高桥等升任寺主的寺里讲授过外典。我从老朋友沼僧淳君那里得知，那位沼波氏前一段刚去世了，于是，我给他儿子政宪君发去了吊唁函信。政宪君曾经在本所（东京）附近开过一家免费住宿店，之后他成了大谷大学的骨干。

这一年，不知该说有幸还是不幸（对于父亲和哥哥来说），忆念寺拟讲奉大本山之命，前来美浓一带教化弘法。在这次弘法过程中，拟讲便把他的随行、一个叫片野实慧的寮司派到我父亲身边，让父亲同意我去做养子。可是，父亲没有轻易应承。这个事我是后来才听说的，据说拟讲在返回途中突然亲自过来，直接要求父亲

答应此事。那天，我像往常一样，正给下期学生们授课，二三个年轻僧人走过来，一个劲儿地看我讲课。后来一打听，才知道他们是拟讲的随行。父亲的考虑是，让我帮我大哥，所以他无论如何也不放我走。但是，母亲和哥哥认为，如果本人愿意去的话，也可以让步。据说忆念寺拟讲满心欢喜地回去了。相反，父亲则甚为不快。

我和二哥年龄相近，我们俩小时候经常打架，也可以说哥哥那时候把我当成了玩物。既值得怀念又觉得可笑的是，我们去菱田海鸥先生那里学习汉文典籍时发生的事。那时我们正好在读诵《论语》，父亲只给我们二人一本书，所以，兄弟俩只能轮流看。当轮到我读的时候，哥哥就跑过来捣乱说："先生，就让他读到那儿吧，他比我读得多多了。"先生表情严肃地说："不用你管，别吭声！"不理他那碴儿，继续教我读诵。哥哥经常是一脸懊恼地在那儿盯着看。为了泄愤，哥哥有时候会在我正聚精会神复习功课时，从旁边一下子把我的书抢走。另外，在回家的路上，哥哥也经常欺负我。从私塾到我们寺院的途中，有一片僻静的松林。虽然哥哥和我一起出发，但他总是咚咚地走得很快，超过我后，他就躲到松林里，待我路过时，他再突然跳出来吓唬我。不过，这还算是好的。他还把麦田里的黑麦穗包成像煤球那样大小，待晾干后再拿出来，噼里啪啦地往我脸上打。黑色的粉末飞出来，把我的脸弄得黑漆漆的，眼泪顺着小黑脸往下淌。我一回到家，妈妈就会无可奈何地苦笑着说："又挨欺负了吧。"哥哥做的那些事，使得我很早就吵吵着一定要超过哥哥。一输了就着急，这似乎正是孩子所独有的奇妙表现吧。一路走来，我唯有专心学习。不过，哥哥也不服输，也是拼命地学习。然而，对我来说，哥哥的压迫不知给了我多少激励。我的学习习惯似乎首先是由哥哥培养的。

虽然说是打架，其实也就是抢书。在不断干着这样的事中，我们二人一起上了一段时间的学。记得有一年冬天，三九天我没有穿布袜子就去上学了，后来脚上冻出了疮，奇痒无比。

此外，我二哥还有一个习惯，就是总喜欢穿干净的衣服。如果只是自己喜欢倒也罢了，但他带着弟弟妹妹们一起走的时候，也说我们穿着脏衣服，他自己都觉得丢人。关于这件事，到现在也是亲戚之间常常谈论的笑柄。

这大概是我十来岁时发生过的一件事。二哥大我4岁，那时他也就十四五岁的样子。故事是关于去母亲老家参加秋季祭典。母亲的老家在大垣市外，一个叫木户的地方，那里有一座本愿寺派的寺院，叫专光寺。我们要去木户参加祭典。事实上，我们在孩提时代能够去母亲的老家，是一年中最大的快乐。

祭典日终于来临，二哥决定带我去。可是，他却说："你如果穿着那么脏的衣服，就不带你去。""这可怎么办呢？"我问他。哥哥翻腾着我的衣橱柜，从里面拽出一件比较干净的衣服，说："穿这件。"因为我特别想去，所以，我看都没看，穿上哥哥给我找出来的衣服就跟他走了。

红豆饭和年糕是农家特有的好吃的，再加上正好又是秋季，各种水果一应俱全，真是大饱口福，我们直到傍晚才回家。尽管是秋季，那天的天气却奇热无比，我全身被汗水汗透，一进家门，顾不上打招呼，就急匆匆脱下衣服，扔在了一边。我脱下来的那件衣服竟然是棉衣！被母亲发现了，她嗔怪道："难怪那么热呀！"虽说是秋季祭典，但尚在八月份，八月份穿棉衣出门，那实在是让人笑掉大牙的事。现在我们几个兄弟，只剩下妹妹一人了，前几天她给我写信说"想唠唠小时候的事"。由此，我才回忆起这件事。

我二哥的小名叫笃丸。他在16岁时就去做了养子，从而成为久濑川街大泉寺的住持。我那时12岁。此后，抢书的事情就宣告结束啦。二哥正式改名为泉氏，后称刺山院得雄。他在60岁那年得了中风，病逝之前患半身不遂，卧床不起长达12年。不幸的是，他的长子也很早就去世了，次子改称泉氏，继承了大泉寺。

这个时期，记忆里还有一件事，就是有关元治元年——甲子年四月，在日光举行德川家康逝世250周年祭典活动的事宜。我们接到命令，说是大谷派的寺院住持父子二人同时到日光参加祭典活动，返京途中要在大垣的宝刹留宿一宿。由于是突然要求留宿，我们决定把我寺大殿旁二楼库房的储藏室搭成一个临时住所。日子一天天临近了，终于弄出个房屋形状了，但室内的物品却来不及准备了。于是，我寺施主、一个叫茂巳屋源太郎的船老大提议临时去借用一下。源太郎提出申请说："位于伊势四日市和桑名中间的安长，有个晴云寺[①]（我家寺院叫誓运寺，听起来容易弄错），我到那里去借吧。”于是，我同他一同前往。但是，对方说没有什么证据证明你们是从誓运寺来的，所以很为难，这时，源太郎便把还是孩子的我留在那里，他暂时离开去办别的事。

为了让客人一到就能住宿，我写好所要借用物品的清单。后来晴云寺借给了我们所需的物品，我们二人坐了整整一夜船返回大垣。到自家寺院时，天已完全大亮。寺院里正在吵吵说没时间了，见我们回来，人们纷纷这个那个追问不停，好不容易消停了，到我想窝在角落里解一下昨夜舟中劳顿时，已是下午二三点钟了。我神志不清可着劲儿地睡下去，浑然不知过了多长时间，突然醒来睁开眼睛，环视周围，像是早晨。于是，我问母亲：“我昨天分明是下午两三点睡的，然后睡到晚上，又天亮了吗？”我这么一说，大家都哧哧地笑了，不一会儿，哥哥说：“好家伙，如果不吭声就让你这么睡下去的话，估计能睡个四五天。”

“那我到底睡了多久呀？”我再三追问，他们说是从前天开始睡的。原来是睡了一整天，又到次日早晨才醒的。我就是有这个奇怪的习惯，只要是累着一点，就能不着边际、昏天黑地地睡下去，这个习惯到现在还保留着。

如此这般喧噪地等待着住持父子的到来，然而结局却是，情况

① 晴云寺和誓运寺日语发音都是“seyimenji”。

有变，突然不来了。

这一年是圣德太子逝世1250周年，大本山率先举办了纪念法会。在我们寺院，父亲也主持举办了法会。其时，我作诗一首以为记：

盛标仰见不虚名，礼乐文章集大成。
称日出邦垂后在，唱南无佛记前生。
丰聪听断八人诉，圣德服来千岁情。
君子陵元可丘逾，何伤天上太阳明。

转眼到了明治四年，这是发生在我23岁那年正月十日的事情。年初巡礼拜访回来一看，家里来了两位陌生人。我悄悄询问母亲，母亲说他们是从越前忆念寺来的，他们说“无论如何也要让你跟他们一起去”。我想：“哈，到底我的命运也是注定了的呀！”想到此，内心毫无来由地紧张起来。此时来迎接我的，一个是施主代表，叫前田平卫；另一个则是为我拿行李的，也是一个施主，叫次郎兵卫。斗转星移，次郎兵卫这小子，现在北海道居住。不久前还收到他的来信，所幸的是他还健在。

父亲到底还是有异议，母亲和大哥则采取折中意见，但是，最后他们都被去年来的那位神兴拟讲的耐性与坚持，以及这次让施主代表捎来的热情诚恳的信所打动，从而接受了请求。由此，我匆忙收拾书籍和衣物，于正月十四日晨，给父母、二哥以及弟弟妹妹一一留下离别之言，远离了生我养我的故乡。只有大哥送我到中途，所以，最初同行的有四人。到了垂井，在路边茶店稍事休息时，大哥对我的未来作了一番训诫后，便把我交给了来接我的那两个人，他一人朝着相反的方向回家了。我跟在迎接我的二人身后，踏着茫茫积雪，向北国的越前方向走去。

来到越前（一）

在垂井与大哥分别后，是夜，我们三人来到近江的木之本，并在那里留宿。第二天一大早继续赶路，途经中之乡、柳濑、椿井岭、中之河内等地，沿橡之木山岭下行。一路踏着数尺厚的积雪，这是我有生以来第一次走雪路。接我的那两位倒是若无其事地走着，对于平生第一次走雪路的我来说，甚感新鲜好奇，脚步也显得错乱无序了。

穿越橡之木山岭后，路就直通越前了。那一夜住在本庄的一家旅店。第二天，是十六日，养父让他们抬着肩舆来了。我坐在肩舆上走了二三里地，男女老少陆续前来迎接我。这样，终于到达忆念寺的大门。这里是南条郡金粕村，现在属于北杣山村的一个区。那时，我被领进一个房间，见的第一个人就是瓜生通专君。他是相邻的小屋村净教寺的当家师，该寺院属于真宗十派中内四派之一的出云路派，在越前有大本山。由于他是养父妹妹的儿子，所以，他向我打招呼时说：“从今天起咱俩就是表兄弟啦！”这是一个非常有朝气的男子，但是，他没过多久就去世了。他去世时我在京都，不过，还是特意赶回越前参加了他的追思会。子承父业，净教寺的事业传给了他毕业于龙谷大学的儿子。

之后，我去大殿旁边的座席，举行了亲子举杯仪式，有养父、养母（后来成为寿光院智登尼公）和养祖母。养祖母被人尊称为持名院寿荣尼公，当时已80多岁了。对我的到来，恐怕最高兴的莫过于养祖母吧！她抚摸着我的头说：“我可是得到了一个23岁的大孙子啊！”这个时候，我从美浓人一变而为越前人，由此，我的户籍就在越前了。同时，在这一天，我也见到了丹生郡厨浦碧岑寺的寺主卧龙冈君、行船君。碧岑寺是养祖父的老家，卧龙冈君的妻子是瓜生母亲的妹妹。这样，我与这个人自然就成为姑侄关系了。

亲子举杯仪式结束后，便去大殿礼佛散香，并与施主和敬香团成员一一见面。自此，我一下子成了忆念寺神兴拟讲的养子、继承人。

正月二十日，是前住持祖考德母院良雄拟讲（后获赠为嗣讲）的忌日。这天，我在忆念寺第一次尝试讲经说法。由于当时养父正在南条郡千福村行超寺开设《七十五法名目》的讲座，也让我随行并讲解经史。在千福村（现在已是神山村的一个区）有美浓郡上藩的办事处，金粕、和田等各村都归这个办事处管辖。这样，行超寺的讲席就成为僧侣管辖的学校。养父曾在福井城主于城中开设的僧人学校担任副教导主任，所以，我来的第二天他就去了福井，只留下我一个人住在田中甚兵卫的家里，我每天去行超寺讲课，有时给他们讲经说法，在那里大概住了一个多月。其间，因为要举办圣德太子逝世1250周年追思法会，所以，曾回过一次忆念寺。

这一年的三月，我再次去了京都。主要目的是在大本山接受剃度，当时的剃度法号为文雄，并一直沿用至今。

我剃度的当天就进了护法场。虽然都称护法场，但是却与我在高仓学寮上学时的护法场完全不同。当时，为了破邪显正建立的护法场，甚至连基督教的汉译《圣经》都研究过，而京都的这个护法场，倒不如说已经成为了汉学道场。寮长（不称场长而叫寮长）叫伏成，是广濑淡窗的弟子，来自丰后日田的宜园。当时，宜园流派的诗和淡窗调这一独特的吟诗法非常受追捧，宜园曾经是学诗的最高学府，而淡窗则是诗宗之雄。鉴于此，寮长伏成把淡窗的家风移植了过来，所以，护法场的规矩完全套用了宜园的做法。首先规定，在作诗时，题目布置后要燃一炷香，且在香未燃完之前完成诗作，以及背诵《论语》《孟子》等都是效仿宜园的规矩。记得在“论孟”背诵课上，背诵《孟子》的名篇“养浩然之气”一章，听的人都可以带书，唯有讲师不能看讲稿讲解。在护法场，倘若能背诵讲解《论语》《孟子》《蒙求》三部汉文典籍，按规定就能荣升为社长。由于我考试通过，不久也升任了社长。此时，僧兵时期的伙伴沼僧淳恰巧也来这边，所以，由他担任副社长。

护法场对面放置着一个小佛龛，每天早晨我们都一起诵经。负责佛前香花的称为殿司，此处殿司由阐彰院的息公麟君（后称金松空贤）担任。此外，还有大司计一职，由桑门至道君（后称桑门氏）承担。“大司计”这个职务，虽然名字很大，但实际上只是负责二十几名学生的会计工作而已。不过，至道君的计算能力极为善巧独特，这点得到了大家的认可。这位至道君是广岛人，我们在高仓学寮时曾经有过一个多月的交往，彼此也都熟悉。

护法场仿效宜园，也制定了轮读，主要是选定四书和五经，让学生轮流朗读。而且，每读错一次计为一失，如果屡次读错，就会遭到淘汰。这与燃一炷香作一首诗的方法类似，按照寮长给划分的甲乙分数，上下移动座席位次。这期间，我也经常作诗，不过都是些不符合我身份的美人卷帘图长诗，也曾受到过寮长伏成的表扬，但那些诗的具体内容，我现在一句也想不起来了。寮长伏成这个人正因为出生于东海道伊豆三岛，所以，他的关东口音非常明显，但口齿清楚，讲课十分有趣。特别是他在讲解《诗经》的时候，听者都有意犹未尽之感，真不愧是在寺院出生的，据说他出生在三岛的成真寺。他极具辩才，而且，他的私塾弟子甚至都能模仿他的关东方言。我彻夜写淳风社出版的《蒙求》一书，即是在这个时候。

这年六月，我通过了高仓学寮考试，升为学级寮司。七月，护法场总监阐彰院嗣讲为了解决由三河菊间藩合寺事件引发的台岭骚乱，从出差地返回京都。我和学友们一起把他迎接到大佛面前，然后，我送他到剑先的嗣讲寮，之后不久，我就回越前了。

我回到越前，时间即进入了八月份，这时候，降绅（后来的稻叶现洲君）、应山（后来的梅原让君）、专含（后来的长尾含君）等护法场的同学，随后都跟来了。这三人现在都已亡故。他们已经长眠于忆念寺内的津梁馆，我则依然每天都十分忙碌地讲解着经史。

九月，我和护法场的同学一起去了一趟福井城，因为在那儿开设了一个僧侣学校。僧侣学校的教导主任是孝显寺的住持，他是曹洞宗的禅僧。还有一位类似于现在的骨干的人，好像是福井城主，一个叫香花院洞水的人，他也特别能干。

该僧侣学校的办学宗旨是不具体倾向任何一宗一派，而是汇集了各宗派的僧众，远道来的学僧都是在城里吃住。我们大谷派的学僧则把城墙角上的望楼当成宿舍，每天去参加讲习。

一天傍晚，我收到让我讲赖山阳的《日本外史》“上书白河乐翁公文”一段的请求。可我当时手里没这本书，所以就想借一本。可是，时间紧迫得已不容我借书了。到讲课的时候，我进教室一看，句读师以上的讲师们坐了一大排。后来一打听才知道，他们倒不是出于其他宗派上的原因来为难我，而是听说我是忆念寺副教导主任费了很大劲儿才弄来的，做他引以为傲的养子，所以，他们谋划是想让我当众出出丑。他们的提问都是一些为难讲师的问题，于是，一些前所未闻的、稀奇百怪的问题便接踵而至了。

来到越前（二）

在这些奇异百出的问题中，因为有些问题确实非常可笑，所以到现在也还记得二三个。其中一个是《日本外史》卷中有“古史曰”一词，这里的“古史”一般好像都解释为古代的历史或者过去的历史这样的普通名词。我在释题时，把书名解释为固有名词。于是，他们立即提出了质疑，异口同声地问：“有《古史》这本书吗？”我回答说：“有啊，是苏东坡的弟弟苏辙写的，成书于宋代。实际上我在京都时就已读过汉语版的《古史》。”他们齐声说道：“是吗？”一副奇怪的样子。另一个问题，与其说是奇怪问，倒不如说是愚痴问[1]。他们新奇地提出："《日本外史》分明是按照由平氏到源氏的顺序写的，为什么民间一般却说源平藤橘呢？"虽然我知道这是个愚蠢问题，但也不能保持沉默，遂解释说："这只是习惯说法而已，因为有'平氏不从桓武天皇出，源氏不从清和天皇出'的说法，所以，看一看年代就明白了吧。就像把圣贤——圣人贤人称为贤圣一样，没有什么特别的意思。"完全是牵强附会的问题。最后更可笑的是问"也"字是什么意思，我没怵头，并且毫不客气地回答说："在《会玉篇大全》里有对'也'字的关注，'也'在《说文》中解释为'女阴也'。因为服饰的关系，有时候男人看起来像女人，女人看起来像男人。那么，仅从脸上不能断定到底是男还是女。所以，要真想确定到底是不是女的，只有看阴部才能明白，基于此造出来了这个象形文字。在既是那个又是这个的时候使用。"就这样，我杀出奇问、难问、愚痴问的重围之后，回到城墙角上的望楼宿舍，跟学友们分享，他们都特别欢喜。其中，年长的寮舍长龙川贤随等人甚至高兴得手舞足蹈。此时，养父的担心也一扫而光，不过，这是我后来才听说的。

---

① 天亲菩萨造、大唐三藏法师玄奘译《大乘百法明门论》云：问有五种。一、利乐有情问。谓菩萨知一切法无我。而众生不知。为欲利乐。故问于佛。使其了悟革凡成圣也。二、不解问。谓自己于一切事理不明。而问于人也。三、愚痴问。谓愚暗痴迷于理事不分。而问于人也。四、试验问。谓以己所知问于他人。以验他知不知也。五、轻触问。谓我慢无状。而戏问于人也。此菩萨设此一问，即五问中利乐有情问也。

龙川贤随所在的寺院在大野郡（越前）富田村富岛，所以大家通常都称呼他“富岛”。无怪乎他不久获得了一等说教师的名誉，因为他极富辩才。打那以后过了二十年，我收到过他的一封来信，说：“那时候你用布衣赖襄在《日本外史》序中的解释来说明‘也’字，简直太可笑了。”那封信里好像还写了那次讲授是应学监洞水和尚的要求安排的。不过，我不记得请求者的名字到底是谁了。

这个洞水是当时隐居在松平先殿进行经行、人称春岳公的三冈八郎（后称由利公正氏）的弟弟。他出家主要基于以下原因：

倔强、暴躁的洞水和尚（当然那时候应该有个什么幼名吧）在城内，因为一点儿小事，就敢把正月的圆形年糕踢飞。这事被告知官府，险些让他剖腹自杀。这时候，被家父的至交鸿雪爪和尚解救了。于是，不得已让他剃头进了寺院。此人后来改变宗旨，到三国港一个本愿寺派的胜授寺当了住持。一位僧侣学校时大谷派的学僧听说此事后，评价道：“洞水和尚到底用什么调子念诵正信偈啊！”

那时候，福井先殿老松平侯（话虽如此，他并非是上了年纪的老人，以现在看当时是很年轻的）经常往来于京都，为此，那时经常和我在一起的三冈八郎还作了二句打油诗，云：“春岳之名有来头，宛如按摩上下揉。”他还作过讽刺“太政官，金一两”钱币的打油诗。我记得他后来好像改名为由利公正。

君公香花院的孝显寺前住持是后称为鸿雪爪（最初应该叫清

拙和尚）的人，他原来是大垣全昌寺的住持，后转任去了福井。在大垣时，他与家父往来密切。全昌寺是大垣贵族所辖的三大寺院之一，另一处是大垣城户田家的香花院，即净土宗的圆通寺。第三个则是真言宗的庶那院，好像承担着八幡宫别当的职责。年初正月四日，这三个寺院首先问候领主，寺院的住持们说完“恭贺新年”便一一低头退出。我记得我也跟着家父参加过年初请安问候活动。藩公这一块儿倒没什么事，很快就结束了，但麻烦的是回家路上的绕道探访，先要去家臣小原铁心的住所，此人学问甚好，但酒量亦大，他嫌用小杯喝麻烦，直接用大杯咕嘟咕嘟地灌。好不容易从他那儿出来，接下来还得去鸿雪爪和尚的全昌寺。从这里出来，就差不多已是酩酊大醉了。

父亲自己虽然是真宗的僧人，但他与禅宗的和尚亦交往甚密，他把铁心、睡翁，还有我学习汉籍读诵时的菱田海鸥等人召集起来，成立了一个写诗会，同时，还轮流开讲《碧严录》，并极力倡导碧严。这在鸿雪爪和尚这个内行面前，似乎有点班门弄斧，但确实很有趣。

这个鸿雪爪和尚，后来从孝显寺被请到彦根的清凉寺，在井伊侯的菩提所，也是个名刹。之后不知道什么缘故，他却还俗了，并且当了神官。在《毛芥遗稿》（父亲名叫溪英顺，号毛芥。遗稿为诗集，是我整理的）中，有为和尚移锡越前时所作的七言律诗：

送雪爪禅师移锡越前

堂宇巍巍经始全，忽然飞锡老怀涟。
摩尼不语分诸相，沧海无心容万川。
白石清泉真面目，浓云越树旧因缘。
他年谁修丛林史，师是檀兴兼净禅。

另外，从《毛芥遗稿》所收的下面一首诗也可看出他们的交往情况。诗云：

六月鸿雪爪禅师招饮睡翁、铁心二君及诸吟社于其子院。余亦与焉。得坚字。是月地大震。起手故云。

震余物议自汹然，为镇众情张雅筵。
凤阙柳营间有火，黑夷赤狄数窥边。
异香笼室千年寺，喜色连天乃顷田。
当户南山长不老，与他宾主竞高坚。

铁心也就是藩的老管家小原铁心。这首诗写于安政元年，当时父亲37岁，我应该是6岁。稍微看一下诗的题目就会知道，父亲以诗会友且交际甚广。父亲经常去参加这种清谈会，同时，也在自己的寺院举办诗会活动。提起诗会，据说我出生那天正好是诗人云集我家之日，在大家苦吟快吟正酣之际，我降生了。母亲经常提起这事，并鼓励我："你是与诗呀、文呀有甚深缘分之人。"

在福井城中居住时，由城主松平侯发起，为戊辰战争以来各地阵亡的藩士及与之有关的藩内人士举行了盛大的追思法会。当时偶作一首诗，尚留在记忆中。

爱宕山上旗帜张，胜见原头炬火扬。
游魂应自远方至，关左洛南新战场。

我在福井僧学校暂住了一段时间，十月，复返回忆念寺给来寺的学生讲解经史。这个月的十九日，由于养父神兴拟讲荣升为嗣讲，所以，他要前往京都的大本山报到。可是，养父前脚刚刚往京都，就发生了这么档子事儿。有一个穿着奇异的男性游客在邻村茶店休息时，散布说"嗣讲在京都被杀了"。消息迅速传播开来，养母和养祖母甚为担心，她们让我调查一下养父的确切消息，因为当时人们只说是嗣讲，并不知道具体名字，所以，她们怀疑是不是养父荣升为嗣讲遭人嫉妒而被杀呢？然而，这是发生在京都的事情，其真假很难搞清。

不久便得知，被杀的是阐彰院嗣讲，就是那位七月从三河回京，归来前让我们护法场的寮生迎请到大佛前面的那位。从那时起，一直住在剑先嗣讲寮的阐彰院嗣讲，于十月四日夜间被人斩杀。是什么人，因什么目的而下的毒手，50多年过去了，至今仍不知晓。据说歹徒的作案手段非常高明，头部和胴体是断然分开的。一种说法是，整理大本山财政的时候，阐彰院嗣讲提议解雇东本愿寺的家臣（俗人、寺里的武士），让他们成为浪人，所以，与人结下怨怼，有人寻衅报复，但是没有确凿证据。

阐彰院嗣讲前往三河是为了平息著名的台岭骚乱。台岭是潜龙寮司的弟弟，出生于大谷派的小川莲泉寺，台岭这个名字是他在高仓学寮时的席名。该寺由设在三河的菊间藩办事处所管辖。骚乱发生的起因是，藩公受废佛毁释的熏染，蛮不讲理地要进行废寺合寺，这一做法遭到反对，从而引发冲突。在高仓学寮时，台岭是比我们高一届的先辈，那时候，他就已经具有高昂的革命意识。他曾召集被称为平席的普通寮生和拟寮司，他当首领，向大本山提出过建议等。这次台岭骚乱恐怕也是在那种势头下发生的吧，据说他因反抗三河大滨庄头办公处一个当时握有极大权势的地方官，而遭到逮捕、问罪，并且被定为斩首罪，这就是台岭骚乱的经过。这一事件与藤井静宣君的亡父应该亦有关系，他或许知道，我不清楚具体情况。此时，阐彰院嗣讲出差，就是为了解释清楚反对废寺合寺并非是大本山煽动的，以及有可能的话为肇事者台岭乞命。可是没有成功，台岭血气方刚，怀抱雄略，死在了刑场上。据说致力于平息此事件的阐彰院嗣讲，无论刮风下雨，亦不管白天黑夜，身着一件蓑衣，东奔西跑。多年以后，为了纪念他，那件蓑衣被捐赠给了大谷大学。

阐彰院嗣讲是京都伏见西方寺的住持，亦是在护法场时的同学金松空贤君的父亲。他是一个敏感的急性人。那时候，他已经是眉毛花白、拄着拐杖走路的慈祥老人了。但是，遇有着急事情，他就会抱着拐杖急匆匆走路。我从那根拐杖的舞动频率，就能猜测出他的心情是好是坏。因此，有一次看到嗣讲进来时的样子，我向同学们发出了如下警报：“喂喂，今天嗣讲拄拐杖的动作，是有急事的，大家注意呀！”嗣讲50周年的追思法会，正值大正八年，当时作七言绝句以为记：

祖山宗政一新时，眉雪老僧提杖之。
五十年前穷措大，白头挥泪忆吾师。

前面已经说过，早在护法场以破邪显正为招牌刚刚开设时，就已经在研究汉译的《圣经》了，不过，据说正好在这个时候，本愿寺向九州的长崎派遣了两位基督教侦探。一位是三河人，叫犹龙，明治五年现如上人赴西洋时担任随行翻译的关信三氏，即是此人；另一位是叫龙山慈影。龙山后来当了讲师，现在已经作古了，他在英国停留过一段时间，回国后办过幼儿园。好像他后来成了基督教徒。

养父这一年一直留在京都。于是，我作为代住持为信徒们举办了报恩讲座。这年十二月，大雪连日下个不停，寺院老僧泰应从武生回来的路上遭遇暴风雪而死亡。

在大垣的家里，我说“非得去越前”，所以，就应承下来了，但是，我也好像说过“一旦过了冬天，待受够了越前的雪，就回来”。然而，事实并非如此。现在，我俨然已成为越前人了。家父当时54岁，在我成为别人家的养子时，父亲为我写了一首诗，收录在《毛芥遗稿》里。

儿文雄为越前南条氏之义子赋予

曾无三绝堪分赋，只要双轮属勃兴。
一片赆儿宜把住，玲珑肝胆玉壶冰。
万壑千岳拥一丘，兀然兰若占清幽。
亲炙更有严师父，苦学须期秀实秋。

最后一句，能够深切地感受到父亲的慈悲，每每看到这一句，我都会感觉好像见到了父亲本人。

寺务所干部时代

明治五年壬申，我24岁。是年三月，我去了京都。因为养父住在高仓学寮的嗣讲寮，所以，我们一起在那里住了一段时间。朝廷开设教部省就是在这个月。不久，养父神兴嗣讲接到命令前往东京了，接着又受命赴北海道弘法传教。因此，我也退出嗣讲寮，寄宿于下寺町的净土宗西山派长讲堂，夜间讲解经史等。五月初一，大本山开设寺务所。二十三日，我成为寺务所的记室长，这就是我当寺务所干部之开端。这月，法主严如上人（讳名光胜）前往东京。

六月，我晋升为掌仪，也就是今天所说的书记官。同月，金泽福念寺的正弘（后金浦氏）接任记室长，越中城瑞惠林寺的研寿任副记室长，与笠原研寿最初相识就是在这个时候，他后来和我一起在英国生活5年，他们后来也升任掌仪，桌挨桌地共同承事。我们三人确实脾气相投，相互之间结下了胜似兄弟般的深厚友情。

虽然我们关系甚好，但这位叫笠原的男子却是个什么事都穷根究理之人。就此，有这样一个故事。现在仍在报纸上说一些提振精神话题的石川舜台君是加贺金泽生人，并且继承了永顺寺。这家寺院里有一口加贺侯捐赠的吊钟。年轻时极为放荡的舜台君放肆得过了头惹出祸端，把领受的那口吊钟给典当了。真是花掉了不该花的钱！[①]这件事终于让领主知道了，领主吩咐他在越中城瑞的分院闭门思过。在闭门反省期间，他向分院的速悟院连枝申请讲解经史。那时，笠原被推选为连枝的陪学生。虽然陪学是件好事，可是他生来就喜欢刨根问底，不安静地听讲，总是提出这样那样的小难题，弄得舜台君似乎有些招架不住，听说舜台君曾对他死去的妻子发牢骚说："连枝先生什么都能静静地听，倒是很不错，可是，惠林寺的陪学研寿却经常提出一些麻烦的问题，实在是为难！"

在我们任掌仪的时代，正值当时维新改革气氛很浓，于是就不管三七二十一，对什么都是改革改革。有人把这个情况密告给住在东京别院的严如法主。听说严如上人在九月上旬突然接到回大本山的通知。虽然所有的改革新规，都不是我提出的，但是记室长会把这些给掌仪拿来，当时张贴出去的通知、布告等几乎都是由我书写的。上人回大本山之后，马上站在那些布告前，盯着看了之后便撕

---

① 日语中，"钟"和"金"的发音是一样的。

掉了布告。上人当时已近古稀，身体还很健朗。虽然不是我提出的改革新规，可是，是我写好张贴的，所以我很担心上人看到之后，是不是要谴责我。还好，他没有追究，事情就这样过去了。

上人并没有太动怒，那时情绪应该还不错。一日寺里设宴犒劳干部，我刚在后面的席位静静坐下。上人便问旁边的人："那个小僧人是谁？""那个小僧人是忆念寺的。"有人这样回答。上人又问："哪个忆念寺的？"的确忆念寺有很多，事实上在京都就有叫忆念寺的寺院。有人回答说："那个小僧人是越前的忆念寺的。"在越前大谷派的寺院有200多座，我在忆念寺。

"是吗？越前的忆念寺嘛，住持是神兴吧，现在应该在北海道训化（布教）啊，不是住持的人自己把姓名说出来。"上人说道。上人大方磊落，不想竟如此细心，注意到这样的小事，令我感到惊讶。旁边的人马上小心地回答："他叫文雄。"上人马上笑道，"什么！像蚊子一样的名字呀。"京都方言里经常省略日语的一些助词，比如说蚊子来了，就说扑嗯扑嗯地飞来了。这个拟声词在日本语发音上与"文"接近，所以上人是在开玩笑。

是月十三日，新法主现如上人（讳名光莹）以藤原光荣之名，从横滨出发，踏上了赴欧视察的旅途。选中了松本白华、石川伦弘、成岛柳北、关信三等四人一起随行。松本出生在加贺松任的本誓寺，能言会写，擅长诗歌，后来到中国上海的别院工作，还是用了白华这个名字的。有过作诗高谈阔论的时期，现在应该身居家乡，还健在吧。石川伦弘就是舜台君，改叫伦弘这个名字，可能是宫内省或外务省考虑到方便办理旅行证所起的名字吧。只有成岛柳北是东京的府士族，他也有过在浅草本愿寺教汉文的经历。最后的关信三君，在高仓学寮时，他叫犹龙，出生在三河国一色的安休寺。听说他以前跟从我养父学习过《俱舍论》。忆念寺的养母也常提起犹龙。此人的兄长是一个擅长因明的人，是后来因明院云英晃曜前讲师，曾经强行让很多人买他的因明讲解书，让寺务所的工作人员感到为难。所以说，他的院号叫因明院。

以上随行的四人当中，次年七月随新法主一同回朝的是松本白华一人。成岛、石川两人是从北美观光后回国的。关信三一个人留在英国。

明治五年的九月下旬，太政官颁发僧侣也必须有姓名的布告。法主报自己是大谷就是出现在这个时候。最初众人说“因为两本愿寺都在六条，所以，法主的姓名就叫六条吧”，由于当时的法主反对，所以叫成大谷了。我们也必须定好各自的姓名，而且，还严格规定必须在一周内上报。所以我没有与养父商量的时间。就这样，我先把养父的郡名南条取上报上去了。从我当干部以来，就不愿意有忆念寺这个僧侣味十足的名字。同事也建议我把南条这个名字正式报上去。可是，在东京的养父，他报上去的是金洲这个名字。金洲这个名字是取自村名金粕而来的。在越前大家都叫金粕的忆念寺。所以说，养父取金洲是考虑了上述情况。总之在急于造姓造名的这个时期，随处所见各种滑稽的情况。特别是在僧众当中，他们多少懂一点文学，所以，他们稍微摆弄一点，反而弄出滑稽事。在经文中，有四姓出家，可是都姓释，只要是僧人均为释氏。所以，有的人说，这样不好玩，分成上下，增减偏旁，进行过种种的改造活动。只有我是按要求报上去的，所以，就以南条的名义备案。

那个时期的我就像现在人所说的时髦族一样，虽然被人嘲笑像事务员一样，但仍然是（僧侣）穿上西服，头发留得很长，分成两边，整天趾高气扬。就是那副德行。我本来喝不了酒，却装作海量的样子，经常摆出一副似乎用一只手就运转天下、国家的气势。

这年的秋天，养父从北海道回家的途中，顺路来京都。此时提到姓名的问题。因为父子俩的姓不一样很奇怪，我便提出申请把姓改成金洲。可是，养父说："你报上去的姓，很大气，非常好。"养父便把自己的姓改为南条了。为此，我又再次把姓改成南条，"你这样更改姓名真是非常麻烦"，我被工作人员埋怨了一通。

此年十一月，废太阴历，改太阳历，并立即施行。当年十二月二日一跃变成了明治六年（1873）1月1日。前夜正赶上我值班（大本山寺务所），得以参加次年在阿弥陀堂和御影堂（现在的大师堂两堂）进行的元旦早诵。

变更历法时，大本山也颁发了各种通报。我还记得担任负责人的我写了很多有关与日历和七曜有关的注意事项。明治六年癸酉，我25岁的最后一天，赶上了日本有史以来有31日的日子。此日又恰巧是阴历正月的初三还是初四，一弯细月悬挂在东边的天上。有这样的不太好听的谚语：“如果妓女嘴里吐真话的话，除夕之夜会出月亮。”所以，在31日那天，能看见弯弯的细月，京都的孩子们骚乱起来。我也很好奇，飞奔到街头去看，我进了一家饭店，留下了偶感而得的诗句，我就把它贴在墙上：

走车街上风吹发，火点硝灯夕阳设。
儿女争论改历奇，三十一日见新月。

我写好贴上以后就回家了。随后不久，我偶然在京都遇上我老家大垣的亲戚，他当时在大阪已成家。在闲聊中，自然而然讲起，在31日看见弯弯细月的话题，他说：“你不知道有更快的家伙呢。”我问“什么事？”“虽然31号出月亮很奇怪，但是有个人居然去了一个饭店，并在那家饭店的墙上贴着31日见新月的诗句。”我挑明了说：“实际上那诗是我写的。”“啊？！”他感到非常惊讶。真所谓：莫见乎隐、莫显乎微。比如说，就算自以为是自己一个人悄悄地去饭店，却不知在何时何地与何人相见呢。

神佛混淆大教院时期（一）

明治六年（1873）3月，因越前的信徒错误地理解了官府公告，从而又引发了暴乱。这倒并非是官府公告本身弄错了，而是由于传达官府公告的，即所谓的代言人，在传达文件时解义解错了或者擅自添加了自己的意见，使得一般信徒引发歧义，认为公告内容不合理。另外，落实官府公告的一方也误认为，新举措全都是基督教的把戏，为此，都开始戴着有色眼镜看待一切事物，对意义不大的小事情，也小题大做加以发挥、散布流言。越前的暴乱事件由此引起。因为这件事是发生在台岭骚乱后不久，所以，越前的寺院法主严如上人非常担心，决定亲自赴当地平息骚乱，随行的有我和越后人内事长长元立。我还记得，那时我留着长头发，同僚吓唬我说："你这样去的话，会被他们认为是基督教的同伙，小心被他们用竹枪刺杀哦！”

于是，我急急忙忙，甚至有点儿仓皇地打点行装，并把长头发剪短，跟随法主向京都进发了。当天从大津乘坐小汽船，穿过早春的琵琶湖，到达盐津，又翻过一座山，当夜住在疋田车站的旅舍。第二天天亮，我们来到敦贺县厅[①]，上前一通报来意，县令即曰：“反正是由理解错了意思引发的事态，你们在暴乱之中去的话，未必不再产生什么误会。所以，我认为你们直接打道回府，才是最最平安无事的。”我们不是没有看出人家是有点敬而远之，不过，当时民心极为浮躁，在那种形势下，县令所说的话，或许也有一定的道理。

严如法主领纳县厅方面的劝言，立即准备返回。恰好那时，我在敦贺旅馆里接到养父发来的讣告，养祖母持名院寿荣尼公于23日病故，享年84岁。于是，我遂请假，从出差地急忙返回了忆念寺。虽然已是3月末，但北国越前依然相当寒冷，我还记得我是踏着雪路回去的。

回来一看，养父的一个在滋贺县某寺院当住持的弟弟——皆是院竺雄也因重病卧床不起了，他说在寺院里感到没什么意思，就回家来了。他已经处于病情危笃状态，就在我回来的那天晚上，他便

① 当时全国分成了72个县，现在的越前曾是石川、敦贺二县。发生暴乱的地方属敦贺县。

与世长辞了。

二人的追悼会刚一结束，就接到大本山的命令，让我随侍从东京来的速悟院连枝去福井别院。这个事才弄到一半，从大本山又来了急信，命令说“严如上人将赴东京作值班管长，届时由你随侍”。于是，我急忙赶回京都，一看，严如上人已经出发了，留下命令说让我从名古屋开始随行。我立刻出发去追赶他们。途中经过大垣，匆忙之中还是顺路回了趟家，向家父问候平安。父亲说：“自去年以来，我一直在东京，住在那个鸿雪爪家里，前几天才刚刚回家的。”这个时候的鸿雪爪和尚似乎尚未还俗，之所以这么说，是由于不清楚他是哪年还俗的，《毛芥遗稿》中有这样的诗句：

送鸿雪爪禅师奉敕赴东京

袈裟奉敕伍缙绅，瑞穗之邦更始辰。
落落乾坤孰知己，巍巍智德独斯人。
闲云野鹤千山路，细雨残梅二月春。
是与未明靖难异，愆公固合秉衡钧。

既然说他是赴东京，当然应该是僧学校时期以后的事，可以看出与维新改革有关。还俗之后当了神官，至少也是这个时期以后的事情吧。

我匆匆辞别了父亲，前往名古屋别院，向严如上人汇报说我已经到了。于是，我们第二天就动身出发，离开了名古屋，我和大本山的家臣野崎参吾分别在轿子的两侧随行侍候。说到当时严如上人的名望，简直可以用活如来来形容。正因为此，严如上人经过的道路两旁挤满了信徒。如果仅仅是挤满信徒倒也还好，关键是这些信徒们一边念佛，一边“叭啦叭啦”地往轿子里投钱币作供养。这样说虽然稍微有点夸张，但严如上人确实危险。因为投向轿子的钱币，可以穿过竹帘打在严如上人身上，所以我们不得不“想点什么办法进行预防”。是啊，倘若被投过来的硬币打中，真是疼得受不了。我就曾经有过这样的体验，那是从暹罗迎请佛骨舍利回日本时，我们一行到达长崎，在从港口到市中心浩台寺的行进途中，我被路旁的善男信女投过来的硬币正好打中后脑勺，当时疼得眼睛都冒金星了，不过好在当时没留下什么伤疤。但是，严如上人被打中哪儿了呢？在上人的太阳穴，现在还留着被硬币击中的伤痕。

话说虽然我们应预防下硬币雨，但却没有想出什么好办法。这时，我突然想到了自己头上戴的那顶简陋的帽子，我立即摘下来，把帽子当成铁钵，从轿子旁边伸出去，说道：“请放到这里面！”刚想告诉在另一侧侍奉的家臣，只听见：“喂，都扔到野崎君这一边儿哟！”原来，他也摘下了帽子，边走边把帽子伸到信徒前面接投过来的硬币。这样走了不多会儿，帽子就装满了硬币。装满一帽子，我们说声“对不起”，便掀开竹帘，把硬币倒到上人坐的轿子中。这样一来，轿子越来越沉，于是抬轿子的陆尺开始抱怨了。

因为本来严如上人就是胖乎乎的体格，所以，陆尺说："光抬着上人就已经够重了，再把那些硬币都放进来的话更沉了，真受不了啊！"可是，在半道儿上没有任何办法，我们只能是一路哄着他一路勉强行走，这样好不容易到了当夜所住的三河冈崎专福寺。第二天晚上住在丰桥的本阵，因为丰桥别院着火了，不能住在那里。转天晚上，住在远州滨松的旅笼屋。当时，火车只是开通了东京至横滨的专线。说是旅行，也无非就是这样一步一步地走路。当时一天估计能走十来里地。

这样，在东海道的很多地方辗转留宿多日，终于到了箱根的关卡遗址。此时，严如上人咏诗一首，并希望我作赋。下面的五言绝句即为当时所赋：

日午发山驿，芦湖春水清。
老杉护关址，旅客放歌行。

自此，我们一鼓作气沿箱根下行，途中平安无事，顺利到达东京，严如上人入驻浅草别院时，已经是5月上旬了。

严如上人在东京滞留到7月。这期间，法主每天都去教部省和大教院报到。此外，他还要去真宗局（后改称真宗教务院）。虽说是每天都去，不过是轮流去这三个地方。那个大教院在芝之公园内的增上寺，大教院的祭祀仪规，现在想起来都觉得太笑煞人了。他们一边说神佛不能混淆，可是自己好像又在率先奖励神佛混淆。为什么这么说呢？这是因为他们召集佛教僧侣，既教他们祭神时的祈祷文，又教他们学习拜神时的拍手方法。我们也学过一天的神道，这是因为在祭祀祖宗时，虽然是僧侣，但不能诵经，而是要和所有人一样念诵祈祷文，所以，我们才学的祈祷文念诵方法，同时也学过“砰砰砰……”拍八次手的拜神方法。此外，还练习过馔具的端法和摆放，当时，我们举案齐眉、恭敬地端着盛有圆形年糕的馔具，往返于增上寺大殿与对面的神殿，以及白木的三宝前面去供奉，管长曾经去过。

大教院所在的增上寺内，当然还有与真宗一样的其他各宗的教务院。因为那时是神佛混淆的状态，所以，神道各派也是可以共居的。不对！倒不如说当时神道是主要的，而且教官也是大教院的。为此，神殿可以毫不隐讳地位于大殿里。各宗祖师们被虐待得太过分了，祖师的各宗挂轴画并列挂在山门上。

我在大教院的时候，曾经听闻过法华宗的日萨上人发明的新训诫——四条格言。这位日萨上人的法名好像是取“日莲大菩萨”名字中的两个字。我跟他并不直接认识，但据说那包括“念佛无间”等在内的四条格言，由于念法不同，颇能获得协调之果。或许这是当时整个佛教从会昌法难那样蒙受压迫的悲惨境地思考出来的读法。记忆中的两条格言好像是这样写的：

念佛无间禅天魔，真言亡国律国贼。

这大概有点儿像过去天台宗和法相宗在朝廷宗论时，即双方分别标注“无一不成佛”一句读法的情况。主张一切有情悉皆成佛的天台宗，把这句读成“无，一不，成佛”，从而把这一句作为悉皆成佛的证据。但是，主张五性各别的法相宗，则认为正是由于无性有情无佛性，所以才说天台的读法是毫无根据的，应读成“无一不，成佛”。这样的话，反而成为我宗义的证据，这有点像以己之矛攻己之盾的故事。当时，对大教院不合理的做法鸣不平、提倡神佛分离说的人，就是岛地默雷。后来在明治八年5月，各宗管长均接到了“废除神佛合并教院、自今而后各宗应自行弘法传教”的通告。

神佛混淆大教院时期（二）

后来，一想到这个时期的事情，就会觉得没有一件是合理的。在革命史中，不合理和暴乱事件也是相伴而生的。然而，后来人读后可能会认为，革命史中的人物绝不是认识到不合理或暴乱才干的。正是由于此，即使芝之公园内的增上寺用作大教院，并在那里看到法主严如上人捧着大圆年糕呈献给诸神，也不觉得滑稽可笑。法主体格甚好，再加上，他与由士农工商各阶层人士构成的其他宗派的管长不同，他生来就具足僧侣威仪，中规中矩的形象极为潇洒。他的属下听到人们评价他“啊！太令人佩服了”的时候，自己好像都会感到得意扬扬、飘飘欲仙。

增上寺内院供奉的四尊神，即天御中主神、高皇产灵神、神皇产灵神、天照皇大神。在这四尊神前，身着紫衣金襕的高僧们跟随衣冠束带或素袍礼服的神职人员练习进退礼仪，如果身穿袈裟毕恭毕敬供奉圆年糕倒还无可厚非，可供奉的竟然是有头尾的生鱼，这就显得太怪异了。

教部省的长官不叫卿，而称大辅。教部大辅是一个叫宍户玑的人，教部少辅是福冈孝弟，布告以及传达命令等都是以他俩的名义发出。轰动一时的《三条教规》就是这年4月发布的，其内容如下：

第一条，应体会敬神爱国之旨。

第二条，应明晰天理人道。

第三条，应奉戴皇上、遵守朝旨。

后来还把能够很好讲说这《三条教规》的评为教导职。于是，把各地僧侣召集到大教院，让他们进行讲说考试，可这三条与佛教全然无关，而且稍微混杂一点儿佛教教义就被定为不及格，所以，这是个大难题。从根本上要求对佛教坚固者不要夹杂佛教教理进行说教，这是无任何道理可言的。然而，真宗的人从幼小时期就练就了说法本领，因此，都能很巧妙地避开要害，顺利通过。其中，只有松山善明一人说法时融入了真宗教义，他的讲说极为善巧，令大家赞叹不已。

在这种形势下，提到当时的说法，都是以《三条教规》来敷衍，除二三个特例以外，大家都没有从正面宣传宗义。严如法主也利用去大教院的间隙，顺便到各地的附属小寺院进行说法，其说法内容基本上也没离开过《三条教规》。不过，法主在开示时内容极为简短，之后由随行“复演”。所谓“复演”就是随行者把法主开示的内容再进一步详细阐释。复演的是一位叫渥美契华的老人，他是说法高手。我则从始至终随行侍奉法主，并作开场白，即在法主开示之前，对听众说：“现在，由本宗传承进行开示，请大家静心听讲。”法主经常提醒我，开场白不要多说，所以，我只说这些开场白，说完立即退下。

当时法主从浅草到芝之公园的大教院需要乘坐马车。那是仅有一匹马拉着的简陋马车。我以前是跟在后面步行的，这时候基本上是拘谨地坐在马夫后面的座位上。不过，遇有下雨等特殊情况，法主就会说：“坐前面来。”那儿正好是凳子前面，稍微朝下一点的地方，坐下后我的头就会碰到法主的膝盖。那时候，我身体又小又瘦，所以，即使是那么个小地方也能容纳下我。坐在那个小地方，只要我的头伸出去，法主就会用两膝紧紧地夹住，还问：“疼不疼？”我回答：“一点也不疼。”法主就说：“这家伙嘴真硬啊！哼哼！”然后，又更加使劲地夹住我的头。尽管如此，我依然是一脸的平静，不过，脑袋被夹得可真疼呀！这位严如上人，第一次听到我的名字时就说过“像蚊子一样的名字呀”，他就是这样一个瞅准时机、时不时幽上一默的人。

法主在东京停留时的随行长叫足立法鼓，是从大阪九条胜光寺来的。并不是因为有什么特殊理由他才被大本山任命为随行长的，而是他从名古屋就开始随行侍奉的。再加上，大本山也没有经验丰富的侍从僧。我们给他取了个外号叫“马车马”。马车马的眼睛上戴着黑色眼罩，不能看到两侧的东西，所以，他只能看着前方跑。此人因此也是个说什么就是什么、盲目地执行自己的想法、认死理的人。他性急又唠叨，似乎全日本的担心都由他一人背负着似的，总是牢骚满腹，所以，才得了这样一个绰号。除他之外，还有两名随行，分别是京都宝受寺的仁科周谛、长坚寺的长泽祐言。听说长泽在维新以前做过浅草别院的轮班，所以号称我们这一行中的东京通，他有总想卖弄江户仔的习惯。在这一行人中，属仁科最温厚。我在东京滞留期间住在浅草别院东门内的来应寺，成天与这帮人在一起。大家每天都从来应寺到法主所住的别院上班。

一天，在东京参加地方官会议的大阪府知事渡边升来拜访法主。此人原来就与本愿寺有缘，且与法主交往密切。所以，听说法主也在东京，就特地过来拜访。我把茶果盘端到他的座位前，渡边知事盯着我的脸，突然问了个奇怪的问题：“你几岁了？”我回答：“25岁。”话音刚落，他便不假思索地说了一句不着边际的话，他说：“你的寿命大概不出5年了。”我想无论是谁，听到人家说自己顶多再活5年，都不会有好心情吧！我没辙，心情沮丧地说了“啊——”算作回答，并且露出一副厌烦的表情。渡边说：“哎呀！我突然说这话，也是有理由的。”便作了如下说明。

“我曾经有一位朋友，年龄和你相仿，而且和你长得特别像。

我是九州大村藩的，朋友是我的同乡，也是大村藩人。但是，你说是美浓大垣的。大垣和大村的也应该不是亲属，大概只是‘空似’他人而已，所谓‘空似’就是不应该长得像，但却长得很像。我那位朋友和你长得太像了，也是希望自己将来有所作为，但他却在30岁那年去世了。一个人在30岁左右就死去，太没意思了！所以说，如果注意健康的话，不一定会死的，由此我才唐突地说了这些话。”说完，又突然严肃地恳求法主：“刚才您也听到了，所以，希望您也多注意身体吧。”法主也体谅地说：“渡边君也是想起了朋友才这样说的，希望多注意健康吧。”尽管如此，被人说“寿命大概不出5年”，谁都不会再有什么好的心情。送走客人，在大门口，我又翻腾出这句话来，之后随行的伙伴们都劝我说“别无聊”，我们就回宿舍了。

被人说要死的30岁那年，我是在英国的客舍度过的。从那时起7年之间，我在英国牛津留学。在养祖母祥月忌辰时，我从行李底下翻出尘封已久的汉字经书。诵经时，我忽然想起渡边知事说过的话，便计算了一下自己的年龄，当时确实已经超过30岁了。于是，我喜出望外，“这事已经过去啦！”我想正是由于他的提醒，我才能平安地越过30岁，为此，我立即给在日本的渡边写了封感谢信。回国后，我非常想见他一次，可是根本没有找到机会。多年后，我受南满铁道会社的委托，进行沿线慰问演讲，其间，得到了他病故的消息。

神佛混淆大教院时期（三）

按照当时的法令规定，《三条教规》考试结果合格后可以补任教导职，由于我是大本山的工作人员，后来也给我补任为权中讲义。教导职分14级，即教正和讲义各有大中小3种，每一种又分权和正两种，共12级，再加上训导和权训导，所以，总计14级。我被授予的是其中的第10级。不过，在地方，上述等级的下面还有教导试补，地方村社的神主或者寺院的住持这类人员，相当于氏子和信徒等的教导。

这个时候，越前只有养父和蓑轮对岳两人率先被任命为权训导，所以，他们巡讲《三条教规》。对于战战兢兢听到废寺合寺传言的佛教信徒而言，恐怕都会感到非常奇妙吧。那时候，街头巷尾都在传说“忆念寺和仰明寺（蓑轮住持的寺院）成了耶稣的办事处”。散布这种谣言的，并非是一字不知的信徒，而是同一派内的僧侣们。贬低同门，如同往自己脸上抹黑，这实在是很出丑的事情，他们出于一点儿小嫉妒才对养父和蓑轮散布谣言，可是这事后来越弄越大，以至于出现了要不要烧掉忆念寺和仰明寺的争论，养母她们好像也非常担心。然而，幸运的是，事态并没有发展到那么严重的地步就过去了。

由于交通不便，报道不确切，而且，自维新以来信徒们好像都患上了恐惧症，对于一些无聊的事情，既吃惊又进行着错误传播。举一个这方面的例子，在真宗信徒密集的北方曾发生过这样一件事：

明治五年（1872）四月，政府要设立神道教导职统辖管区，拟把全国分成东、西两大部区。但人们都说这样划分不合理，所以，翌年1月，决定废除东、西的名称，只称神道，由一名总裁统辖。当时，政府的公告文曰：“此番，废除东西两部之名号，一般应称神道。”北方的真宗信徒见此布告感到很吃惊，从而传出谣言说：“这是决定要废除东西两本愿寺和六字名号，改称神道吧？要是这样的话，我们这些信徒可不干啊！”那时布告文中使用的名号一词，是“名称”的意思，但信徒们却解读错了。而真实情况却是由于布告文的书写欠妥。从这个插曲中，也足可以看出当时信徒们那种风声鹤唳、提心吊胆的心情。

明治六年7月，现如上人回国，他是于前年九月与4位随行人员一起去欧洲进行旅行考察的。他在横滨上陆，立即回浅草别院面见严如法主，4位随行人员中，只有松本白华一人陪同前来，因为石川、成岛二位已于稍前经由美国回国，关信三尚留在英国。

其后，严如老法主决定去相模的三浦郡巡视，我和“马车马”足立法鼓等一同随行。可是，只去了几天。其中，在金泽住了一宿，远眺金泽八景之后，又随法主赴横滨住了一宿。而且，在接下来的8月份，两位法主要同船返回京都，所以我们一行又从横滨乘小汽艇向神户进发。此时，随行的有石川、成岛两人，还有我和足立等人。按照惯例，还是由足立一人担任随行长。

我们一行经由炎热的海路，到达神户后，又立即换乘去大阪的船，从大阪坐船逆流而上赴淀川，再经过伏见，终于到了京都大本山，此时已离开东京四五天了。

役员们给两位法主问安之后，又转向我，异口同声地说：“您也辛苦了！”可是谁也没跟随行的首要人物足立氏打招呼。他本来认为自己一定会大受欢迎的，却事与愿违，所以，他脸上挂显出一副不平的表情，这么一来，更是没人理他了。这对爱唠叨的足立来讲，也真是束手无策，他好像实在是闲得无聊的样子。

由于我借了寺务所附近最里面的房间，所以先安顿好了行李，正想休息片刻，听到外边有人喊“南条君！”我一听，像是很着急的样子，心想莫非是“马车马”？探出头去一看，果然是他。

“怎么啦？”我惊奇地问。他生气地说：“怎么也没怎么！役员那帮家伙简直是太欺负人了，所以，我现在决定回大阪。”我既没说是由于大本山的役员不认识你，也没说算了算了，实在是没办法劝解，所以，无言以对。于是，失去人缘的足立不久就回到大阪自己的寺院去了。

刚回国的现如上人，一回到大本山，即亲自出任寺务所总务，日夜查阅事务。总务席称为上座，在高一层的地方安排桌子，坐下来方便朝下看。这个时候，速悟院连枝担任执事。他的座位也高一层，但桌子是横向摆放的。二人看上去都很热心于事务工作，有时速悟院连枝会走到现如上人前面与他不客气地进行争论，有时劲头上来还敲着桌子边。我们说着“看呀，又开始了”，便从下边的缝里张望。因为他与现如上人是表兄弟，所以，他们之间可以毫不客气地争论。

因为这年10月制订了一宗一管长制度，所以，严如法主决定再次去东京。这次，养父随行去东京了。

11月，总务现如上人生病了。得的什么病，我全然记不清了，好像是劳累过度引起的。于是，我接到命令，由我兼勤承担照顾上人的饮食起居任务，就是隔一天到内事局报到，隔一天去照看上人。

恰巧这个时候，速悟院连枝也病倒了。连枝的病好像更为严重。我隔日分别去寺务所和内事局处理工作。

是月27日，具备经论家素质的速悟院连枝，年纪轻轻的就去世了。但是，役员们讨论后决定，不把速悟院连枝的死讯告诉病中的新法主现如上人。

商量好了的第二天，我一进新法主现如上人的病房，法主就开口说："速悟院死了吧。"因为我们说了要保密，所以，我矢口否认道："没有啊！"法主说："唉！我都知道了。"我反问道："您怎么知道的呀？"他说："有人告诉我了。"我回答说："既然已经有人告诉您了，您也知道了，也就瞒不住了，他确实已经过世了。不过，您千万别气馁，别沮丧，一定要好好吃药，争取早日康复！"这时，法主叹声说："哎呀，死这个事，谁也没办法啊！"说完，就闭上眼睛休息了。过了一会儿，他喊我的名字，说："这个床的后面有《真宗假名圣教》，你把它拿出来。我想起来读，怎奈身体懒得动弹，你给我代读吧。"虽然我现在已经忘记了具体页码，不过还记得当时他清楚地告诉我读哪一章的第几页。我非常高兴上人有想读《真宗假名圣教》的心情，我是流着随喜感动的热泪为上人代读的。

幸运的是，现如上人的病情在那之后很快好转，不久就出院了，大家紧皱的眉头又都舒展开了。

这一年年终12月份，为了向东京的严如上人汇报新法主的病情，役员召开内部会议，开始讨论关于让我赴东京的具体事宜。在这前后，从越前忆念寺也来了送信急使，信中说养母生病让我速速回家。因为养父在东京随侍严如法主，也不在寺院，所以，现实情况需要我必须回越前。不过，一下接到两个命令，实在为难。于是，我便去找当时的改正主管石川舜台。一到他那儿，便给他说了去东京的事。

我对他说道："唉！现在哪顾得上去东京啊！越前的养母都这样了，希望能有人代替我去东京。"越前来的急使说要等我确认能不能回去他才走，所以说非常着急。

石川君很体谅我的心情，他说："因为有情义关系，所以是很为难呀。"说着，他拿起笔来，唰唰地给长圆立内事长写了一封信，我拿着这封信，一到内事长那里，立刻准了假。简直是太高兴了！我与来接我的人一起，立即踏上了奔赴越前的路途。

东本愿寺改正系助勤

当时东本愿寺有5名改正系的人，石川君是其中之一，那时的石川君总是借居在别人家。在干部当中这个改正系相当有实权。改正系的职位，由京都府大参事一个叫槙村正道的人提案而设。那帮人有“我们与官员同样”的毛病。当时的官员相当狂傲。废佛毁释是当时的世风，不管是神还是佛在官员面前被随意指点，就连“与官员同样”这样奇怪的话，都并不令人感到奇怪，这真是很有意思。当时的京都知事是谷信笃堂上公卿，不过是京都府的招牌而已，所有的事宜都交由这个槙村大参事来处理。这个人好赶时髦，把一切都当作改革的事情来对待。当时的东本愿寺正在展开一场由死于非命的阐彰院嗣讲发起的革新寺制的运动，他正好趁机提议便新设了这个改正系。改正系共5人，他们是圆觉寺顺明（后来的筱原氏），还有愿隆寺大船（后来的小早川氏）、伊势的鬼山人法因寺契缘（后来的筱美氏）、永顺寺的舜台（后来的石川氏）、飞骅的愿生寺慈孝（后来的白川氏）等。其上面设有改正总长，他是现如上人的弟弟，从小就是江州长滨别院里灵寿院的连枝，也就是后来的大谷胜缘。长滨别院也叫大通寺。成为改正系助勤的是前五人之一的白川慈孝的弟弟白川慈弁和我。槙村是长州人，非常热情，正好遇上阐彰院嗣讲发起的改革风潮，便继承其遗志，在东本愿寺内不管任何事都一个劲地推行改正。我是改正系助勤，便是“与官员同样”的人，因而被卷入其中，也制定了种种改正草案。虽然那些并非是我的提案，但是工作性质相当于秘书长，所以在别人看来好像与中枢机密相关，因此也被嫉恨过。

当时我从教导职务的方面来讲是担任权中讲义。当时教部省规定各个级别都由考试的成绩来决定。不过，只有大本山的干部不用经过考试就安排相应的工职。我们属于这种情况。一宗之首也与上述情况一样。但是这个是有限制的，其后也有晋升的人，但是刚开始一宗之长先当权少教正，然后升为大教正，在干部中我是权中讲义，再也没有晋升到正权大讲义。但是即便不是宗长，就任真宗连枝这样特殊职位的人物，也会给他们不带权字的中讲义一职。然而我们几个干部当中只有石川舜台君一人是权中教正。大家都感到不可思议“究竟为什么有那样的例外？”

虽说5人都是改正系，但是5人几乎没有凑齐过，愿生寺的慈孝体弱多病，很少来寺务所，让他弟弟慈弁代替出面。我与慈弁关系非常密切，就像亲兄弟一般。只是，他嗜酒，一喝醉回来就会寻衅滋事，有些为难。此人后来姓石川。他有一个妹妹，也是从飞骅来京都的，是一个又能写诗又能画画的聪慧的女子。用现在的话称才女。白川慈弁君把妹妹当成骄傲，口口声声“我的愚妹、我的愚妹”而得意扬扬。由于他与我十分要好，就要把妹妹许配给我。可是我一看根本没有驾驭人家的能力，就拒绝了。其妹叫白川琴水，后来也一直在其兄身边。这件事好像传到养父那里，养父说反正在越前没有合适的人，如果她本人愿意的话，可以嫁过来，养父的话传来传去传到我耳朵里。原本白川君曾经师从养父学过佛学，说起来，都是非常熟悉的关系。

不幸的是，此人在我去海外后第二年的明治十年（1877）秋，去世了。我是从送到我在英国首都伦敦的客舍的杂志《明教新志》上知道的。大概情况是：

明治十年，西乡南洲的征韩论破灭，九州岛西南地化为战乱之巷。于是，东本愿寺灵澍院连枝代理法主前往九州慰问。此时作为会计随行的有白川慈弁君。西乡方面没有举旗应战，南洲终究也被城山包围，形势顿然大变。危险也波及连枝他们一行，只得向鹿儿岛附近逃脱。他们雇了一条小船，就要离岸时，一声“慢着”这一行人被人叫住了。回头一看好像是西乡方面的一些败兵游勇。说是要借用这艘船，这边介绍说这位是东本愿寺的连枝师父，可这些萨摩武士根本不理会。由于这边不愿意挪地方他们竟放言说要把船沉下去，无可奈何只得下船。头一个下船的是紧抱着慰问款的白川君。由于过于紧抱着那个包，引起了那些匪徒的注意。“里面是什么？让老子检查一下！”“不行。”争斗渐渐激烈，最终那些匪徒用刀刺死了他。他这种不认输的个性，终于导致他遇上了这样的不幸。

我也许算不上是他的亲人，可是在京都时，我们经常结伴去饭馆，硬让我这个不能喝酒的人喝酒的种种回忆，令人追怀不已。后来我随法主赴鹿儿岛的时候，想起当年的白川君，特意请示法主准许我去他的墓前悼念。墓地已长满青苔，我久久徘徊墓前追忆着执着固执中富含感情的白川君。

西洋留学之前——育英教校时期

我与来接我的人急忙赶回了越前，病榻上的养母见我回来非常高兴。由于气氛活跃，养母的病情亦逐渐好转。

在照料老人的过程中，不知不觉迎来了新年——明治七年（1874）年，春天在越前厚厚的积雪中悄然而至。养母的身体虽说恢复得不错，但还没达到不用人照顾的地步。而且，养父尚在东京，不能回来，所以，尽管常常接到大本山的催促，但我并没有返回京都。在这种状况下，我在越前度过了26岁那一年。

明治八年乙亥，刚进入1月份，我便接到大本山的通知，任命我为寺务所的录事。于是，我不得不结束在越前照顾养母的生活，在严冬时节前往京都。返回京都后的前半年倒没有什么特别的事情，可是，从7月22日让我同时兼任教育课的录事以来，就骤然繁忙起来了。当时，石川舜台君担任教育课课长。我的工作任务主要是为在去年改称贯练场的原高仓学寮里开设京都小教校做准备，具体负责编写教校规则，也就是先把官立师范学校及其他学校的学校规则誊写过来，然后进行筛选参考，再制订出草案。

各项准备工作就绪之后，京都小教校于9月6日举行了开校仪式。当时，香山院讲师就学问的发展宗旨发表了讲话。前几年亡故的现如上人，就是在这个时候说要派我和笠原君去西洋留学的。

现如上人说，他在几年前去西洋旅行的时候，就萌生了想让我们二人学习梵语（Sanskrit）的想法。据说他去欧洲旅行，在法国的一家图书馆里看到梵语经文时，就立即决定让石川君做这方面的研究。为此，石川君尝试着做过一段时间的梵文研究，可由于当时各方面条件不允许，最终还是选择了回国，从而中止了这项研究。我还记得我确实看见过石川君那个刚刚着手学梵语文典的笔记本。基于以上原因，我们二人私下商定，希望石川君帮我完成现如上人的这个愿望。然而，如果过早地把这个决定公布出去的话，到时候说不定还会遇到什么障碍，所以，石川君恳切地再三叮嘱我："在乘船离开日本之前，一定要严守秘密！"

这年11月，我申请休假两周，返回了越前。我想，若是去留学的话，会很长时间见不到家人。因此，我也给大垣的老家发去通知，父母亲还特地赶到越前。这是一次全部家人都到齐的离别。此后，家父未待与我再会，便于我回国前一年的明治十六年亡故了。

两周休假期限一到，我便回到了京都。回来之后，随即赶上了育英教校和教师教校同时于12月1日在大本山大寝殿南厢房召开的开学典礼。坦率地说，当时是在校舍尚未建成时，率先举行的开校仪式。教师教校是以今天师范学校的模样制定的；育英教校则是在寄予很大希望的基础上诞生的——需要先在校学习20年，毕业时可位列准连枝。正因为如此，入学考试也是甚难甚难。那时候考入育英教校的，在当时的秀才中仅有极少数。

开校仪式是由法主严如上人亲谕开始的。复演上人被指定是“马车马”足立法鼓。那件事情发生后，他改正了遇事急躁的毛病，后来又来到了大本山。他复演结束后，由教育课长石川向汉学教授菊地纯提出问题。此人号称三溪，他在座位上写了很长的汉文以应答，我则要把他写的这些汉文转达给石川课长。接下来，由数学教授藤井最证回答问题，他在应答时也写了长长的答案，而且都是专业术语。此人之前曾在东京，是大谷派的，他在大阪也有寺院。除他们二位之外，还有法语教授，一个叫坂上元兵卫的人和英语教授舟桥振。

然后，进入念答文阶段，由于我是教育课录事，所以我必须要朗读他们写的这些答案。听说这是石川想出来的恶作剧，他说：“看看南条怎么读，考验考验他，让他尝试一下！”所以，我才成了牺牲品。不过，对我来说，这的确是自福井僧学校以来需要越过的一大难关。管不了那么多了，于是，我开始冷静地朗读，汉文倒还没什么，读起来很顺口。可是，数学答案中却出现了很多复杂的专用术语，而且又特别长，真是费老劲儿了。总算没有犯什么大错地读下来了，开校仪式也顺利地结束了。

可笑的是，各位教授当时都是穿着麻质礼服来参加开校仪式的。不过，这是应大本山的通知要求才这样穿的，我确实记得我在通知书上写了“须穿麻质礼服出席仪式”的字样。那种麻质礼服看上去似乎很臃肿，一点儿也不好看。据说那位叫坂上元兵卫的法语教授，就是因为让穿这种礼服才没来育英教校露面，由此被当成自动辞职。此人有一个习惯，就是不管决定个什么事，都以抽签来完成，他觉得这次让穿礼服很愚蠢，于是就摇签卜卦，结果就出了个什么卦，说是不行，于是他便急忙收拾行李去了东京。他人在东京这个事，是过了几天他说让我们把他落下的一个什么东西用小包邮寄过去，我们才知道的。就是在讲经说法中，麻质礼服看起来也有点儿不正常。不过，英语教授舟桥振后来倒是工作了很长时间。

当时考入育英教校就学的有：稻叶昌丸、长洲宗淳、清泽满之、菅原义磨等人。几年后“妖怪”博士井上元了君也入校了。这些人当中，和我关系最密切的是稻叶昌丸。稻叶是大阪人，当时由我养父负担他学习的费用，所以，我们二人还曾经在一起住过。此人后来考入了现在的东京帝国大学上预备课，专注于解剖青蛙，进入了不符合出家人身份的学术研究，成了一名理学士。后来，他在鹿儿岛拥有一座寺院，现在回到了家乡大阪北区的一个什么寺院。

我埋头于育英教校的事务工作，不知不觉到了明治九年丙子年的春天。之前，我与笠原君一直在一起工作，因现如上人嘱咐我要做好西洋留学的准备，所以，只派我一人去了东京别院。我去东京后，住在地处浅草别院西门一个带别院的小房子里。也就是在这个时候，开始到处传播着“今年有人要奉新法主之命赴欧美留学”的言论。“你应该知道谁去吧？”面对这样的提问，我着实难以回答。有的时候虽然假装不知道而搪塞过去了，但是感觉很难堪。在这些问我的人当中，亦不乏坚忍不拔者。我忘记他具体叫什么名字了，只记得他是三河人，当时在庆应义塾。他厉声问我“好像是谁要去欧美留学”之后，还补充说道：“要是去西洋的话，如果不懂英语，那就很不方便，没办法呀。不过，虽说大谷派弟子多多，但如我辈会说英语者恐怕没有吧！”最后好像还说了“夫子本身不就是那个（要选派出去留学的）人吗？”我认为这位有耐心的男子确实很难对付。倘若一旦轻易说出去，保不准会遇到什么样的障碍，如是思维，我越发变得谨慎起来了。

在京都的笠原君告诉我：“不管怎样，准备好了之后，我会悄悄地去你那里，所以，在这之前不要跟任何人透露。”我完全同意，并严加警戒。可是，这位说自己悄悄来的当事者笠原君，恐怕万万没有想到，他被浅草别院的人发现了，这事情我曾非常担心。事情是这样的，我们决定乘船出发的日子大概定在那年的5月末前后。当时还是一宗一管长（之前整个佛教界只有一人担任总管长，明治五年十月以后，改为一宗一管长，这是政府作出的让步）的时候，真宗由江州本部派的法主轮值做代理管长。此人正好代理期满准备回寺，决定由我们别院的人送他到新桥停车场，当大家都在火车站说着“您辛苦了”，互致问候时，猛然向对面一看，笠原君慢悠悠地从刚刚停稳的火车上走了出来。我刚一想“糟糕！”这时浅草别院的轮值柏树却抢先发现了他。

他对旁边的人说“那不是笠原嘛！”大家都侧目而视，询问“哪个哪个？”哎哟！这下可麻烦啦！我又不能上前去和他打招呼，一个人正急得团团转时，他好像也看见我了，我们相互使了个眼色，以暗示对方知晓。说时迟，那时快，笠原君迅速闪向一旁，巧妙地挤进人群，我也松了一口气。无论柏树他们怎么说那绝对是笠原君，我也没有承认。并且，还打掩护地说：“有跟别人‘空似’这种说法呀，这么大个日本，一定会有一个男的长得像笠原吧！”大家议论纷纷，最终判定那就是笠原，并且还断定，这个时候他偷偷摸摸地过来，留学西洋的人中肯定有一个就是笠原。当晚，笠原君悄悄地来到我的住处。我们俩诉说着白天发生的事情，互相之间唯有苦笑的分儿。

对于我们二人的出游，从护照到旅途介绍，以及到达之后的一切事宜，都有赖于一个人的热心帮忙，他就是田边太一。此人曾是旧幕府的家臣，当时是外务省的大臣，又是东本愿寺的信徒，是一个实在且热心之人。当年现如上人赴西洋旅行考察时，就是他尽了很大力，帮了大忙。基于这层关系，再加上有石川君和新法主等人的托付，我们二人也得到他很大照顾，感恩不尽。旅途的注意事项自不必言，就连西餐的吃法和室内的礼节都教给了我们，甚至还特意带我们去了上野的精养轩。这期间，我外出去别院时，笠原君就默默地整理行李。不过，虽然说是行李，终归也没有什么像样的东西。

离出发的日子越来越近了，6月10日前后，我和笠原君去横滨买船票，到那儿一打听才知道，船将于14日早晨起航。于是，我们赶紧返回东京，决定秘密向现如上人通报。话刚开头，得知现如上人稍前已来到了东京。

当夜，我们二人去向岛拜访了成岛柳北氏。成岛因《朝野新闻》的笔祸事件，被关了三四个月监狱，好不容易出狱了，刚刚回来。传话的人弄清我们的来意后说："他非常疲劳，今夜请你们回去，改天再来吧！"话音刚落，只听见成岛说："不，我也要出远门，今晚不见他们的话，以后不知道什么时候才能见面呢，所以……"这样，他把我们让进客厅，接待了我们。从他那里，我们得到了关于出行的许多注意事项，我们满载西洋之行的宝贵经验和知识，返回了住所。

出发的那天终于要来了。6月13日，我们二人穿着虽然说不上精致，但是新买的西服去别院向诸位告别。先到现如上人那里，转而向柏树轮值处，我们说明要去西洋留学时，他瞪大眼睛，咕噜咕噜转动着眼珠，说了声"噫！"就再也没有吭声，然后不知怎的，他慌慌张张地向大殿方向跑去。似乎是我们的做法令他太不爽了。我回国后，有一次在京都见到他时，问到当时的情况，他说那时真是太生气了。

我们从别院的寺务所一出来，在东本愿寺的大门口正好与中医小森顺贞撞了个满怀。他这个人平时特爱耍贫嘴，一说话就收不住口，有点儿话痨，好不容易逮着我俩，张口便问："哎哟！您二位，这是一块儿去哪儿呀？"我们回答说去横滨，他反问我们今晚回不回来呀，还嘲笑似的说："唉！怎么说呢，也不清楚到哪儿去，或许回来，或许不回来。看样子，也许五年七年都不回来哟。"并且还一个劲儿地摇头，说："横滨的风习不好，所以你们不要在那儿住，断断不要住在那儿哟！"他见我们一直看着他笑，立刻又转了话题，问道："对了，我听说上人今天要送什么人去横滨，您二位难道不知道是送谁到那儿去吗？"完全不知情且甚感怪异的先生，看上去很担心的样子，歪着脖子不停地说："如果上人亲自去送的话，那肯定是一位很了不起的人物吧？你们说不知道名字，简直是奇怪至极！"就这样，经过一番刨根问底之后，他又问我们上人今晚回来吗？我们说也许住在那儿。他反复说不可以不可以，并加重语气道："上人尚年轻，不回来可就更不行啦！"

说话之间，不觉时间已到，我们遂离开浅草别院向横滨出发了。当天，现如上人专程送我们俩到横滨，并在东洋旅馆设晚宴送别。进餐中，上人教给了我们各种室内礼节和其他注意事项，用餐后，还教给了我们握手的方法，等等。

上人对我们二人做了一番谆谆训示叮咛之后，就准备回京了。我们俩把上人送到外面，然后也登船了。我们乘坐的是一艘法国邮船，可是，我一句法语也不懂。笠原君稍微能看懂一点儿法文，但会话则完全不行。就这样开始了我们的聋哑旅行。在这次旅行中，有一个人答应扮演我们二人的口耳角色，他就是大越成德君。介绍大越君全程照顾我们的则是前面提到的田边太一氏。

大越君是东京人。这次与我们同船，是因为他要到日本驻伦敦公使馆担任秘书一职。他毕业于外国语学校法语专业，口语非常流利。实际上，我们要在船上度过大约60天的时间，我们二人给他添了很多麻烦。

是夜，我们整理好行李，终于在船上安顿了下来。这时，我突然想起白天在别院小森中医捉弄我们时的那张脸，觉得奇怪得不得了。笠原君也笑翻了，他说："柏树轮值那张吃惊的脸简直是太可笑啦！"我回国后不久，在京都的东本愿寺旁遇见了这位中医，我跟他打招呼说："小森，久违了。"他说："是啊！久违了。呀！前些年你们的骗术可是真高明啊！"照例是一副耍嘴皮子的腔调，又说了好多不满的话。

上船之前的一番苦心，一旦乘船之后就变成了一场笑谈。虽然我们二人感受着别离故国前后的寂寥乡愁，但无论怎样，得先让心安下来，在这短短的夏夜，我们交谈甚欢未能入眠。

6月14日清晨，船静静地扬帆起航，带着我们向横滨港外驶去。

留学时代——在轮船上

有关远航留学的话题，几年前我曾经以《航西诗稿》为题刊行过当时所写的诗赋，所以，我想依此来回忆往事。

明治九年（1876），酉年出生的我时值28岁，笠原君是子年生人，比我大3岁。我属于晕船体质，没什么事我就睡觉，可笠原君对坐轮船完全没有不良反应，并且精神饱满、兴奋异常。6月20日，船终于到达了香港。香港是英国的殖民地，那里有日本领事馆，也有很多日本人居住。日本驻香港领事安藤太郎君曾是德川的家臣，他岳父即是当时担任外务大臣的田边太一君，此人亦是大谷派的信徒。田边君收到了京都石川舜台君的介绍信，称“今有南条和笠原二人西洋留学，万事有赖”。于是，我们出发前，田边君在上野精养轩教给我们吃西餐的方法，并给予其他方面的很多照顾。一到香港，我们就先去拜访了这位安藤君，转交了田边君让我们带给他的礼物。这样，我们在安藤君的引领下，去日式浴池洗了澡，还吃了日式晚餐，然后才返回轮船。现在，这些事虽已成为过往，但今日我仍然忘不了那份淳厚的友谊。香港的公园非常漂亮，我们在那里愉快地散步。对于乘船远行者来说，上陆的喜悦简直无以言表。离开日本后，我首次诗兴大发：

海门晴日苏鲸涛，去向港楼呼酒曹。
一路疑身在乡国，领事馆外旭旗高。

6月24日，轮船驶离香港。我在船上依然不说话，尽管如此，饭食并未偏废。6月28日，船到达柴棍[1]。

笄栉无须土俗姿，大船留处聚如蚁。
夫妻束发齿同黑，小艇为家育数儿。

到达此地，最引人注目的是当地的风土民俗。男女皆束发，穿着简单，嘴里不停地嚼着槟榔，所以，感觉有点像日本民俗中的黑齿妇女。倘若把小艇看作居家场所的话，生活不就是如此简易吗？

① 又曾名西贡，今胡志明市。

对此我感觉非常不可思议。后来我们在贯穿伦敦市区的泰晤士河上，也看到了这种简朴的生活方式，勾起了我的回忆。之所以停靠柴棍，是因为我们乘坐的是法国轮船。记得多年之后我去奉迎佛骨舍利时，好像没有停靠那里，而是已经开通直航了。由是，轮船在此港停泊一宿，装卸行李、乘客上下船，好不忙碌。翌日晨，轮船离开此地继续航行。这是一个宛如大河河口那样的港口，船顺着河流很快驶向宽阔的海面。这种感觉就像我乘船从我的出生地美浓大垣驶向十里地以外的伊势桑名，眼前的景致伴着微妙的乡愁，使我不由地吟出以下诗句：

水足平田将秧插，夹舟涯树更苍苍。
澜沧元是一衣带，坐觉风光似故乡。

7月1日，轮船到达新加坡。我们立刻上岸，去植物园游览，以此慰藉船中的乏味单调。轮船刚在这里停稳，便有很多黑人乘着小船围拢过来，敲打着舷窗，他们像蜘蛛那样云集在一起，原来是来向船里的乘客讨要钱财的。而且，乘客一旦把钱币投过去，他们就会跃身潜入水中去捞，向乘客展示他们的绝技，由是不断反复向乘客索取，这实在是一道有趣的风景。

两两黑奴飞小舟，青钱掷处忽轻投。

水中知是龙争玉，不决输赢不敢浮。

多年之后我去奉迎佛骨舍利的时候，也曾路过新加坡，记得那年正好是明治三十三年。当时，我乘坐马车到处参观游览，没想到无意间听了车夫的话，被他带到了日本妇人开的妓院门口，那些妇人站在装饰华丽的舰船两侧，高喊着“喂！请进！请进！”在拉客。

7月8日，船终于抵达锡兰[①]，进入吉隆坡港。我在船上认识了一位法国医生，他说他有一位朋友住在岛上的一个佛寺里，所以，我、笠原君和大越君一起上岸参访了这座寺院。返回轮船的时候，我们三人和上岸时一样，雇了个当地人开的小游艇，当我们想上轮船时，按照去时的标准支付了赁钱，但这个当地人耍赖，非要加钱不可，轮船那边催我们赶快归队，我和大越君有幸上了轮船，但笠原君一人被留在了小游艇，当地人开着小游艇离开了大船，我们非常担心，直到按他的要求付了钱，才把笠原君赎回来，我们终于松了一口气。直到现在，我都感觉到这些事仿佛发生在眼前一样。锡兰也叫楞伽，又称僧诃罗，“Lankāla”翻译成狮子，这是梵语“Sinhala”的音译，在“Sinha（狮子）”的后面加上“la”，变成了“Sinhala”，楞伽即Lankāla。有诗曰：

① 今斯里兰卡。

手攀椰树上楞伽，万里东来拜佛陀。
老大袈裟留我语，津梁事熄历年多。

这里的“津梁”出自中国古书《世说新语》，在记述释尊入灭时似乎有“此子疲于津梁”的句子[①]。我在儿时听家父和哥哥讲解过这部《世说新语》，据说是出自著名的竹林七贤所处的时代，虽不怎么为人注意，但记着许多有趣的故事。“老大袈裟”是指印度僧人。

7月19日清晨，轮船起锚，由此开始即将要进入热带地区了。清晨气温尚低，甚至有些寒意料峭，需要穿棉衣，但是到了晌午时分，气温陡升，需要换上单衣，像我们这样没有充分准备好冬夏服装的游客，可着实遭罪了。说到温差的变化，简直是太剧烈了，实乃一餐之间寒暑变。登上甲板放眼望去，从非洲大陆不断吹来的股股热风，导致天气非常炎热，瞬间即呈现出盛夏气候。

印度洋中西北行，忽裘忽葛大忙生。
此间舟脚尤神速，终食之间寒暑更。

---

① 刘义庆《世说新语·言语》：“庾公尝入佛图，见卧佛，曰：‘此子疲于津梁。’”《敦煌变文集·维摩诘经讲经文》：“若要抛离生死乡，须知内外作津梁。”金农《孙宪遗米予于僧厨作粥食之戏报此诗》：“学佛疲津梁，辟谷乃不可。”津梁：比喻济度众生。

这样，在轮船以最快速度航行的过程中度过了19日。记得轮船在深夜驶向一片陆地，一看到灯火闪烁，轮船便发出“当当当”的警铎声。这里即是古城亚丁。

日暮海天不见星，铁栏杆外望冥冥。
数声警铎夜将半，灯火隔炯认亚丁。

在亚丁停留一夜，驶入红海已是21日。还记得一进入红海，顿感气候温和适宜，身心也随之爽快起来。繁茂的红色水草寄生于海面上，在它们的映衬下，这里的海水恰如流红。此情此景，不由得使我想起似乎是基督教圣经中的一个古老传说，说是以色列有一个族群，颛蒙争斗，导致血流成海。所谓红海，实如其名，确确实实就是红色的海。

舟向云山缺处行，殷其雷动午风清。
看他水草一般赤，不背千秋红海名。

记得彼时苏伊士运河刚开通不久，轮船穿越此运河需要两天时间。25日，轮船开进运河，我们乘坐的轮船停泊在运河中的一个小湖里等候一夜，待其他快船先行通过后，我们于翌日再开船。这条运河开凿的时间还不长，而且比较浅，到底怎么办？好像有一种意见倾向于填埋，所以，当时看到一些复杂的机器正在那里施工。之后不久，又开通了贯穿南北美洲的巴拿马运河。

精神一到事皆成，无水之间船可行。
二十余年疏凿业，尽从烈子寸心生。

那时候，我没有时间系统地学习地理学知识，只是读过一本《舆地志略》，后来我所使用的外国地名都来自于这本书。虽然是在轮船上，但我还是很认真地阅读了这本书，另外我还带了中井樱洲氏的日记，大越君带了一本名为《栈云峡雨》的小册子，笠原君把中国的小说也放在了行李中。我们慵懒地蜷曲在藤椅中，舒服地在轮船上轮流阅读消遣。26日，在塞得港稍事停留，27日，终于进入了地中海。

莫是人间蜃气楼，四旬容易度三洲。
连宵波静地中海，凉月清风满目秋。

船中异常炎热，不过，毕竟已是7月27日，天气已然接近初秋。在这清风凉月的时节，海面尤为平静。离开故国已有40天，中途经过亚洲、非洲、欧洲三大洲，想到此，油然升起一种别样的感觉。

29日晨，轮船到达意大利的那不勒斯。那不勒斯又称那波利，这里风光明媚，著名的维苏威火山微微地吐着烟雾。

8月1日，到达法国马赛。马赛是法语“Marseille”的发音，英语则为“Marseilles”。这里没有什么可参观的地方。我们去日本领事馆，拜访了领事中村博爱君，并在此寄出了第一封写往日本的书信。

客身无计慰慈亲，儿出横滨整五旬。
马港裁书问安否，要知天外亦如邻。

8月3日，从马赛乘火车前往200里以外的巴黎。4日清晨抵达巴黎，在此逗留7天。总的说来，因为不懂法语，多有不便。在船中就听说巴黎的歌剧久负盛名，所以，到巴黎后立即去看了一场，不过，实在是感觉没趣，便于中途退场。横穿巴黎的塞纳河风景如画，美不胜收，大大地激发了我的诗情。

日晡马港始开车，二百里程铁路遐。
何料明朝餐尚早，来投巴黎主人家。
轻车肥马涨红尘，巴黎风光满目新。
最是清音河上月，多情来照远游人。

从马赛到巴黎，因列车夜行无法观赏沿路风光，实乃遗憾。

据说途中路过的里昂是一座非常漂亮的城市，但也只是听说而已。11日清晨离开巴黎，约9个小时之后到达伦敦。在这一段行程中，遇到了一位从巴黎公使馆带文件去伦敦公使馆的人，他说可以给我们带路，所以，心里很踏实。一到伦敦，便有一日本人来接我们，他就是大越君的同事、新来的日本公使馆秘书——长崎省吾君。我还记得，当时日本驻伦敦公使有上野景范君，此外还有一个叫圆田孝吉的。承蒙这些人的好意，他们把我们带到肯辛顿公园前的一家旅馆。他们说："现在是傍晚七点左右，是晚餐时间，需要换正装出席！"然而，我们没有带适合那种场合穿的燕尾服什么的。不得已，我们穿着旅行中的脏衣服，以普通游客的身份出席了晚餐会。当晚，因旅途劳顿，我实在是困得不行了。房间里点着煤气灯，可是，我不知道如何才能把它熄灭。没办法，我只能简单地用嘴"噗噗"地吹灭了它，然后就安心地睡着了。可是到了半夜，外面传来嘈杂的说话声，似乎发生了什么事情，房间里弥漫着一股难闻的味道。外面的人们正在吵嚷着确认是哪里漏了煤气，他们来到我房间周围，发现味道越来越重，就进来检查，最后好不容易帮我把那个螺旋拧紧了，真是帮了大忙。现在回想起来，还觉得自己当时真是做了一件大蠢事。

翌日，我们去拜访了横山孙一郎君，他作为大仓组的驻外人员来伦敦已有时日，我们恳请他教我们一段时间英语，于是，他便从"It is…，这是……"等ABC开始教起。横山君说"你们需要名片”，就帮我们预约了名片制作。难以忘怀的是“Bunyiu Nanjio[①]”的拼法。打那以后，我在名片上就一直使用这个拼法了。此时，横山君告诉我们说有一私人家庭房屋可以租住。他说：“有一个叫鲁滨逊的妇人，人很老实，听说她家三层楼上有一间房可以出租。”这家男主人鲁滨逊氏生前在伦敦大学教拉丁语，不久前刚病逝，留下夫人和孩子，由于经济上的原因，正好各方面条件都比较合适，就把三层的一间房租给了我们。我们乐观地认为，包括一日三餐，整天和他们家人在一起，也应该能学会说一些英语吧。可是，他们大多时候是用手势来敷衍我们，所以，英语一点儿也没长进。尤其是这家里的两个男孩和两个女孩，只要看到我们做个什么事儿，他们就觉得很可笑，就嘲笑我们，因此，我们不怎么讲话，英语仅仅停留在“No，thank you”的水平。

记得那是10月发生的一件事情。当时听说正在上演由伦敦著名演员亨利·厄文主演的莎士比亚名剧《亨利八世》，我从小就喜欢看演出，不过笠原君好像不大喜欢，所以，是我强拉着笠原君陪我去看的。当时我们的英语听力还比较费劲儿，不过我想，只要看男演员在舞台上的动作，大胆猜测大概也能明白什么意思吧，所以，就出门去看了。

我们对这部话剧看得太投入了，完全忘了时间的流逝。散场

① 南条文雄的英文名字。

后，我们回到寓所已是后半夜了。宅门紧闭，我们又是拉门铃，又是用力敲门，可就是没人起来给我们开门，最后我们俩终于放弃了。没办法，只好徘徊在伦敦的街头，而且还进公园躺在露台上眯了一会儿，好不容易熬到天亮，回到了住处。可是，因为我们还不太会讲英语，无法跟房东一家叙述昨晚的详情，所以就偷偷溜到三楼，手不离字典，炮制出一篇小文，交给房东表示道歉，然后慌忙返回自己的房间。这一事件可称得上是我们西洋留学失败谈中的压轴话题吧。迄今我们再也没发生过像那天夜里那么难于打发时间（to kill time）的事情。

8月11日，到达伦敦。下面一首诗表达了当时的感想。

汽机不使旅愁催，水送山迎眼界开。
出自东京万余里，六旬容易入英来。

在伦敦，特别引起我们注意的是星期日。一到这天，全市所有家庭都要闭户锁门，举家前往教堂参加礼拜。

街衢闭户日升迟，知是满城朝拜时。
断续钟声多少寺，人人皆挟教书之。

不知不觉，来欧洲的第一年行将结束，进而迎来了明治十年的元旦。尽管如此，仍没有收到来自故国的一封邮信。外出旅游，特别是像我们这样远隔千山万水身处异国他乡的游子，日夜都在翘首以待故乡的音信。

打包半岁在天涯，梦寐待他乡信赊。
照道晓星存夜火，满窗晴旭破晨霞。
新年风气正平荡，故国事情定静嘉。
谁识吾侬试铅笔，英京时亦弄词华。

当时，伦敦有日本学生会组织，每月都有例会，而且例会规定每次由一名会员发表感想，或者发表研究报告。该会的创立人是菊池大麓君，他先于我两三年到英国，当时已从剑桥大学毕业，并且获得了学士学位。这个学生会是由各种人员组成的会员制组织，主要成员有：穗积陈重、樱井锭二、高木兼宽、马场辰猪、冈村辉彦等诸君。但是例会规定，为了提高英语听说能力，例会演讲用英语演说一次，用日语演说一次。一天，我们二人收到日本学生会书记的邀请，希望我们出席下月的例会并发表所学专业演讲。于是，我和笠原君商量此事，笠原君说："佛教的话题，当然是由你讲喽！"所以，我在例会上发表了演讲，一个议题是解释了佛教大意，讲述了三世因果的教理；另一个议题是阐述了真宗的教旨。其中，也有人听得非常起劲并认真地做了笔记。这样，我干脆把他们的笔记收集起来，并试着把演讲全文译成英语，最后请已加入英国籍的匈牙利人得瑟君帮我校对。得瑟这个人确实是个语言天才，他能熟练运用英语、德语、法语三种语言。特别是他经常和日本人交往，日语也比较出色，所以他答应给我做校对，我真是既欢喜又庆幸。得瑟君十分有趣，他经常用诸如“マッテイマス、アソビニイラッシャイ”（正等着呢！过来玩吧！）这样的文字给我们写信，让我们确认日文中夹杂着的片假名。尤其是他在信封上的落款更为奇特，他用尊称宗教家的“Reverend”的日译，写成“南条和尚牧师”，真是笑煞人了。当时还经常对笠原君说“和尚牧师”又来了，非常好笑。

另外，除日本学生会之外，还有一个称为“自由讨论会（Liberal society）”的组织，这里云集着白发老人、妙龄少女等各类人群，我也参加过这个讨论会，而且还宣读了我翻译的英语文章，提问百出，甚为愉快。

其中，有人问了“倘若知道因果道理，就能知道生前死后的事吗”这样幼稚的问题。我立刻用《大经》下卷中的一句经文“only Buddha knows it”（唯佛知耳）来回答，他们接着问：“成佛之道如何？”对此，我说明了真宗的宗旨即“信心为本”，并开示了往生成佛之道。

遇见末松谦澄君纯属偶然。当时，我和笠原君已经不在一起住了，笠原君住在哈姆氏家，我住在莫里森氏家。一个星期六的下午，我正在伦敦市中心，相当于银座和京畿这样的繁华街区散步，看到对面走过来一个日本人。在国外的大街上散步，能遇见日本人是非常让人感到亲切的，遂引起了我的注意。同时，对方也在打量我。之前我经常听人说起末松君的性格乃至相貌，而且，眼前走过来的这位日本人完全与我听到的一模一样，我脱口而出："呀！这不是末松君吗？"他好像也已经听说过我，亲切地说："是啊！你是南条君吧？"正所谓一见如故，互致问候，由此，我又增添了一位知己。

说到相貌，我想起了笠原君。他有个习惯，就是总爱张着嘴走路，一看马上就能认出来。我记得在离开日本那天，他曾被训诫说那个习惯不好，希望他注意一些。

当时，我首先询问并记下了末松君的详细住址。一打听才知道，他在明治十年战役中随从山县监军，目睹了战况，是肩负着纪实编纂任务来英国的。后来，在末松君伦敦的寓所，遇到了中国公使馆的陈远济和杨文会，成就了我和杨文会之间长期进行书信往来和佛典交换的因缘。另外，还有一次，我帮助末松君誊写公务书信，他还曾付给过我一英镑的润笔费，为此，我才买得起一本《希英辞书》，而且用剩下的零钱，去澡堂洗了个澡才回到住所，这也成为我清贫留学生活的一个回忆。

多年之后，在东京帝国大学诸友为我举办的梵文《法华经》发行庆贺会上，我回忆起这段往事，对末松子爵表达了深深谢意。

留学时代——日本学生会

之后，我们每周日都在日本学生会聚会，提出各种问题，大家互相讨论。地点在杉浦重刚君的寓所。一天，我打算去参加这个会，途中，到末松君那里邀他一同前往，末松君爽快地答应，他说："你今天准备讲什么话题？"我告诉他打算讲赖山阳传，末松君马上说："以什么为凭讲他的传呢？"我回答说："想以《山阳遗稿》前言中记述的山阳先生生平为中心展开讲述。"末松君说自己对山阳先生的逸闻颇感兴趣，所以也想顺便讲一讲，于是，我们二人赶紧前往杉浦君那儿，到了一看，大家都已经在那里等我们。我粗略地讲完之后，末松君就开始讲述他所感兴趣的逸闻了：

"我有一个叫福地源一郎的朋友。以下我所讲的有关福地君父亲与山阳先生的逸事就是从他那里听来的，说起来这件事对我也有着深刻教训。福地君（樱痴居士，东京日报社的创业者）的父亲是长崎町医某氏的长子，山阳先生的私塾学生，颇具才华横溢之特质。

“当时，山阳先生住在京都的三本木，培养了很多私塾弟子，先生晚酌之时，经常有两三个塾生围坐周围。可是，弟子终归是弟子，在讨论时无论如何也辩不过先生，总是输掉。福地君甚为遗憾，盘算着有朝一日定让先生输一次，他终于想出了一招，就是下面这个提问。

“‘在中国，和歌是何时开始的？’以此诘难山阳先生。只见先生不慌不忙地端起酒杯，看似被难住回答不上来的样子。于是，福地君颇为得意地说‘我认为在中国和歌始于《论语》第五章颜渊篇’，接着把原文‘司马牛忧曰：人皆有兄弟，我独亡’变成像和歌那样‘司马牛忧伤地说，别人皆有兄弟，唯独我没有’。福地君一副得意的样子。这时，山阳先生不紧不慢地说：‘那么，我来发问，在中国，发句是何时开始的呀？’福地君一下子卡壳了。山阳先生自言道：‘汝进余私塾之前，是读完四书五经才让进来的吧，故不该不知此问题吧？打开《春秋》看看，开篇即应赫然写着：夏五月，郑伯克段于鄢。这即是发句17字音的开始，季题都已抛显出来了。’被山阳这么一说，福地君再也没有说话的勇气，灰溜溜地退了出来。

“后来，山阳先生似乎也看到了福地的才气。一天，先生正准备外出，他对福地君说：‘今天我带你去一趟加茂季鹰大人那里，因为大人是歌坛大家，所以绝不能有纰漏。’被谆谆教导一番后，他就跟着先生出门了。这位季鹰老先生，曾经做过山阳先生母亲的和歌老师。说着就到了他家，各种各样的话题相继不断。不愧是歌坛巨匠，一方面具有国文偏好，同时对日本语亦是运用自如。然而，山阳先生与往常不同，只是诺诺地听着。福地君却不能忍受。他迫不及待地给大人提出了一个问题：'虽然大人那样受敬仰，然汉文之力，到底是大和语无法匹及的。不知大人是否读过，您翻开《三国志》看一看就会明白。即张飞提三尖矛立于长坂桥矣，这样的文章确实具有雄健简洁秀美之力，可若将其改为大和语，则精髓顿失。读作张开飞起三个又提矛立在长坂桥的话，与前者相比，国文岂不是力量皆无了吗？'不待大人回答，山阳先生立即表示告辞，退出了大人家。回来的路上，山阳先生非常严厉地批评了福地君的轻率，训诫他礼失殆尽。"

大家对末松君讲的这个逸闻表示欢迎。后来在文部省举行的博士会上，为了打发时间，我也讲过这个故事，大家都觉得可笑且有趣。我后来还在日本学生会例会上，就印度伦理学中的因明学发表过演讲。和我不同，笠原君是位哲人，所以他主要学习了哲学方面的知识，有时缪勒博士让他用英文讲解叔本华的哲学书，他还对缪勒博士英译的康德《纯粹理性批判》进行了深入研究。在学生会讲演时，我也选定过"佛教是一神教还是多神教"这样的题目进行演讲，由此可以充分地考察佛教的本来面目。总之，明治九年、十年、十一年间，日本的音信是从当时教界唯一的杂志《明教新志》

上获悉的。

这一时期，我结识了在我之后来英国的几名日本留学生，其中一位就是关谷清景君。后来我才知道，此人和我是同乡。远离故国旅愁难耐，从此，我们交往甚密。可是不久他就患了肺病不得不回日本了，我赋诗一首送他。

奈此酸寒毒热何，知君况复抱沉疴。
大东此去万余里，水路五旬加意过。

听说他曾是日本最早的地震学者，不过，在明治二十四年浓尾大地震后不久，他就与世长辞了。

在留学生中，既有像关谷清景君这样的不幸之人，亦有怀着衣锦还乡的喜悦之情的凯旋者。

送瓜生君矿山学成归日本

学成二岁告归期，正是邦家多事时。
金铁满山当有待，经纶之业舍君谁。

送富田君归日本

万里汽机奔不留，舟车转处似飞球。
知君明月清风夕，恰及东台山下秋。

东台是指上野樱冈一带的高台。先前曾给予我很多关照的横山君也是行将归国者，分别时我们定下了“不远再会”之约。

汽机万里载君行，片月孤鸿别离情。
再会预期当不远，春风迟日笑相迎。

从当时的《明教新志》得知，在中国上海开设了本愿寺的下院，小栗栖香顶、谷了然、河崎显成、仓谷哲僧等诸师为成就此事鞠躬尽瘁，由是作诗一首以示祝贺。

勉旃吾党弟兼兄，教战忽酬宗主情。
客地学音磨舌剑，高筵说法试心兵。
四来人是无期会，一宇堂当不日成。
尚愿慈光遍九土，梵旌臻处壶浆迎。

然而，这一年（1877）在克里米亚战争[①]中，暂告一段落的俄土关系再次破裂，俄军大举南下，强渡多瑙河，进入保加利亚，兵临阿德里安堡，土耳其勇将奥斯曼·帕夏威名大震即是在此时期。因此，当时欧洲的报纸对俄罗斯采取的政策极尽讽刺。下面的一首长

① 俄罗斯帝国与奥斯曼土耳其之间的第十次战争。

诗，是我看到一幅讽刺图后题写的。

望潮潮潮汝何望，举足傲然投八方。
要盟在彼未全冷，一足之创汝已忘。
知汝将跨波兰策，来拟南方土中王。
谁谓河广一苇渡，其奈巴干山脉长。
南端别有横行氏，徐徐磨爪骚邻乡。
不是麻姑定蛰龙，未至原野血玄黄。
匈部男儿时发怒，一刀要割彼其肠。
女兄殷勤抑不纵，缓急相扶守封疆。
请看佛兰大统领，旧怨彻骨未能忘。
闲扫炮车察机变，一发拟试破天荒。
日国皇帝固神速，股肱况复任贤良。
前狼后虎虽劲敌，不虞有备彼何妨。
翅足三人蒿目视，休言僻在大西洋。
东南多少有要地，或是咽喉或大仓。
西邦有岨路九曲，岂管山东闪剑铓。
风马牛亦不相及，好就闲处梦黄粱。
邻家眠足亦何虑，新酿之利涌然足。
葡萄美酒先自尝，青帘高飘更忙忙。
南中半岛尽自在，一丝在手縻法皇。

比利虽小不可侮，君主绰然有余裕。
此际唓氏独自亢，片片擎旗乐平康。
和兰无事瑞西静，看到北端暮山仓。
却向东南重寻去，地中海里几蜂房。
独怜波翁首才保，匹如青田难除蝗。
望潮潮潮汝何望，举足傲然投八方。
汝亦毕竟好事者，八足蹴出百戏场。

读《俄土战争报》

多瑙河边新战场，滔天杀气溢他乡。
新闻纸上腥风起，惊杀两军多死伤。

如诗词中所写，在欧洲发生俄土战争的血雨腥风遍布巴尔干之时，接到在故国日本，天皇军队正在西下，准备讨伐萨摩军的报道，确实可以说当时东西方都同样被战争的乌云所笼罩。但是，尽管如此，我依然热切盼望着家乡的来信。有时，我会在寄给故乡书信的背后附上一首这样的诗。

从一辞膝下，不得数趋庭。
况复游天涯，大东望渺冥。
裁书托邮丁，安否切要听。

堂上双颜和，原头鹡鸰鸣。
螽斯簇幼侄，朋友会高亭。
西野秋方熟，南山依旧青。
胸中现乡国，万象视无形。
正是大阳日，几处闻疏铃。

这一年即明治十年，恰逢我大谷派本愿寺严如上人60华诞，据说就连一般的地方寺院也要奉上以松树为题的诗作以表敬贺。我赋诗一首遥祝上人寿辰。

苍然百尺仰高松，万古后凋何改容。
西洛淳风佳气溢，东山初日彩云重。
舆论遂属鲁翁语，朝爵不同秦帝封。
梁栋之材固无比，岂唯劲节耐三冬。

这一年我的友人白川慈弁君在与萨摩武士遭遇中遇难身亡。白川君出生于飞弹，其兄叫慈孝，当时是东本院寺的监院，但后来因病不得已隐退了，代替他工作的即是这位慈弁君。对我来说，他是明治五年首次设立寺务所以来结交的友人，也是我养父社团中的成员。慈弁还有一个引以为傲的妹妹，叫琴水。他多次给我介绍与其妹认识，但与我终究无缘。慈弁是一位精通诗画的才子。下面这首诗，表达了对他的哀悼之情。

飞来流弹打头陀，三十余年一刹那。
逝者如斯从古尔，秀而不实奈君何。
生前誓死信心固，乱里救人功德多。
洒泪他乡阅新志，天边断雁唤愁过。

当时在日本学生会中还有一位长冈护美君，他是肥后细川侯的弟弟。我们是在英国认识的，他是一个非常痛快之人。后来被派到荷兰出任公使，记得我回日本的时候他好像在元老院。

送长冈君归日本二首
海外结交过二年，萍因絮果是前缘。
谈筵况复受鞭策，驽钝亦将回五天。

三鞭之酒二篇诗，为许区区答旧知。
黄叶夕阳秋欲暮，满城烟雾送君时。

值此天长节之良辰赋诗一首
佳节恭举万寿觞，东望遥祝我天皇。
天皇二使在英国，率我邦人上贺堂。

请看世间无情物，水流就下葵倾阳。
况复吾人有方寸，云为谁得背纲常。
知否蜻洲四不测，万古卓然压异乡。
我今当说君须听，此言亦足观国光。
二千五百卅八岁，一统一百廿二皇。
开国以还如此久，外人未曾恣跳梁。
前代将军察时变，一朝政复皇猷昌。
数百诸侯心惟一，齐去都城复封疆。
我皇宵旰时巡狩，新政树基誓五章。
兵备文运如双翼，外交内治两恢张。
宗教导人皇所简，小民从事莫敢遑。
今在他乡遇佳节，叨赋长歌充颂扬。
神明佛陀护皇运，愿使我皇寿无量。
呜呼大哉皇祖语，宠祚之隆与天长。

在伦敦，一进入11月份就是浓雾季节（November Fog）。这是在日本无法想象的严重浓雾，即使在路上擦肩而过，也看不清对方是谁；即便想回家，找不到自己家门也并不稀奇。这个时期，空气出奇地沉重，都市里悬浮着一种独特的红尘煤烟等尘埃，随呼吸进入鼻孔，从卫生角度看实在是太糟糕，这样的天气持续着，笠原君确实是被这种恶劣天气严重影响的受害者之一吧。

牛津生活——梵语研究

11月、12月过得很快，转眼即进入明治十二年（1879）正月，我们十分难得地收到了发自上野公使的一封书信。此话题得稍稍往前追溯一下。本来我们来西洋留学的一个直接动机就是学习梵语，现如上人此前出访欧洲时，曾发愿说今后要开拓梵文领域之研究，当时同行的石川舜台君只是稍微学了一点点梵语，尚未充分展开研究，由此才成就了我们这次的海外留学。所以，我们来到伦敦后，逢人便说此事，委托他们给我们介绍合适的梵语老师。恰好就在这年正月，上野公使来信说让我们立即去公使馆。

上野公使说："我早就听说了你们的愿望，一直想着给你们介绍合适的人选，前几天在某地的晚会上，遇见了布鲁克斯牧师，我顺便给他说了你们的情况，他马上答应说要介绍威斯敏斯特大教堂的教长史丹利先生，之后又通过史丹利先生的介绍，说可以去拜访牛津大学的缪勒博士。可布鲁克斯希望事先见见你们二位，所以应布鲁克斯之邀，我们三人一起去他家里吃个早餐怎么样？”我们听后非常高兴，便由上野氏陪伴在布鲁克斯家享用了早餐。布鲁克斯极为热情，我们让他给史丹利先生写了一封介绍信。他说缪勒博士是不容易见上面的人，不过如果史丹利先生介绍的话，可能缪勒博士会见你们吧。于是，我从史丹利先生那里拿到了一封极难读懂的介绍信，前往距伦敦约60英里的牛津大学拜访缪勒博士。那时缪勒博士似乎已收到了史丹利的书信，高兴地接待了我。我便跟他讲了研究佛教梵语文学是我多年的夙愿。这时，博士恳切地劝我来牛津学习，我也当即下定决心听从先生的劝导。2月27日，我从伦敦搬到了牛津。

当时，缪勒博士在牛津大学讲授比较宗教学和语言学，教务非常繁忙，因此我按照先生的指示，跟随当时还是大学生的麦克唐纳氏（现在的牛津大学梵语学教授），终于开始了梵语研究。

在牛津大学，我还认识了J.理雅各（James Legge）博士，他实在是个博学之人，精通东洋学，汉文也很棒，翻译出版了英文“四书五经”，还把《法显传》译成了英文，我感觉他好像收藏着相当多的汉文典籍。麦克唐纳氏的夫人即是缪勒博士的女儿。我最初见缪勒博士时，先生迫切地询问我日本的梵文典籍情况，我告诉先生，记得小时候在我家的藏经中，见到过据说是慈云尊者弟子集录的梵文《阿弥陀经义释》，但是我并没有把这么贵重的梵本带过来，所以，经先生这么一说，我立刻决定给石川师写信，让他帮我邮寄过来。虽然这部梵文《阿弥陀经义释》是慈云拣选出来的，但慈云好像不懂梵文典籍。

就这样，我终于开始正式学习梵文经典。最初起步时极为困难，我感觉麦克唐纳氏对教授我们梵文也颇为着急。对于梵语知识，我仅仅看过育英教校时代英语教授舟桥振氏日译的《梵文小文典》，不过，在牛津大学留学时，我集中精力阅读完了这部梵文原著。

这年5月，曾给予我诸多恩典的上野公使任期圆满结束，终于要回国了，所以我列席了公使馆举行的送别宴会。以下是我给公使的临别赠言和诗。

> 我日本帝国全权公使上野君奉天皇之命，驻扎英国伦敦府有年。明治十二年5月，天皇遥命君使归东京，以从条约改正之事，于是，君将于6月9日发伦敦府。5月20日于公使馆宴请诸友，以表恳切留别之意。文雄亦得侧卧其末班。因自以谓文雄向日辱君之知，遂到寄身于文学旺盛之地，受业于老成学士之门。今临分手，岂可不一言以酬君之厚谊乎哉。抑我帝国之与欧美数国交际也为日浅矣。虽然既已差遣公使于各地以审彼此之情谊，使公际之道益

加亲密，加之有领事以管有无相通之务，有留学生以从文辞学术之事，可谓盛矣。而今也择条约改正之期至矣，当是之时，当局诸氏固当尽心力讨论反复以要无复遗憾也。孟子言："入则无法家拂士，出则无敌国外患者，国恒亡矣。"所谓敌国者固非单指怨仇相敌之国，而对抗匹敌之谓也。有人于此，生长于一家，惟率由其祖先之家法，未曾接他人之言论，察他家之家风，以有正自家之得失。则其识见果何如耶？所谓家法者，有可行于古而不可行于今者，有可行于一家而不可行于他家者。以不可行之强于不能行之人，则不啻无益动辄害交际之道也。是所以有"彼宜使爱子尝客旅之辛苦"之俚谚也欤。若夫用心于诗歌文章者亦然，虽谓歌人坐能知名山大川，而千闻安有如一见。若反则遂到有如彼呼"喜望岬"以为高峰逾我富士山之误。况于关国之大事之务乎。又夫病魔之侵入也，必待身体疲劳而后乘焉。身体苟健强则何畏病魔。然则病魔也者，人身之抗敌也。常窥我过度疲敝之隙不已。苟知病魔之常如此，即安可忽保护身体道乎。国之本在家，家之本在身。国家招外侮何以异之。君在英国已数年，一身关两国之交谊，饱尝辛苦能负其大任。凡所陈述之事，固君之所稔知，则何待一介书生之喋喋焉。他日改正条约成而一新天下耳目，断然不容疑也。文雄固一佛陀教徒也，曾有耶稣教徒来论两教之强弱，且其教祖之语曰，后来两间，人类遂属我一教，而他教中未曾闻有如此之格言也。颇有得色。文雄于是述前所举孟轲之语以谓其人曰，有汝之教而后我教幸得不亡也。何哉已得此一大抗敌，则勉维持我教不可使其失独立对峙之气象也。是教徒之所以为教徒也，我将终身从事于斯，汝亦宜为汝之教如此。其人默然而去，不知以文雄之言为当乎否。尔来以此推之于国家之事，欲缕述以质诸当路之诸贤也久矣。今际君之归朝，记其要领以呈左右，区区之情所以酬君之知己也。书七律三首，诗曰：

从曾欧美乞同盟，今日五洲皆弟兄。
万里来居鞅掌地，一身系得朋友情。
当官何有让贤哲，复命好堪酬圣明。
料识天皇有敕语，使乎多岁在英京。

驻扎英京已数年，此生何幸属参前。
晴朝提挈时寻友，静夜团栾或话禅。
人去扶桑初日外，梦迷芳草落花边。
赖君得遇老贤士，早晚期他衣钵传。

岂图今日离别期，正是满城新绿时。
双影如惊蛱蝶子，千条似泣垂杨枝。
高堂述志君知己，古府翻书我得师。
厚谊蔼然何以谢，咄嗟才赋二篇诗。

6月，公使启程回国，我前去送行。
另外，某时次韵友人之自遣诗以寄托吾之怀念。

赛马须为训，无人无宿忧。
半生万变化，一别三春秋。
流水有清浊，浮云忙去留。
我心何物是，夜静月当楼。

又有如下一首，盖亦是牛津时期的诗。

终朝烟雨几阴晴，定识春华满洛城。
默坐要成游子业，索居堪忆故人情。
十旬绝酒身无病，三岁离亲梦易惊。
数卷韦编是吾友，忘他蹈露洗余酲。

这年9月，我们去英法海峡中的泽西岛和根西岛避暑游玩，其间，我既复习了梵文经典，又指导笠原君梵语入门。这两座岛上树木繁茂，又有海风徐徐吹来，与伦敦相比极为凉快，不愧是避暑胜地。尤其是根西岛以捕获真鲷著称，承蒙旅店主妇之好意，我们吃到了日式盐焗鱼。当年的风景至今仍常常浮现于脑际。在泽西岛作诗一首：

前湾潮满水如弓，碧落秋高海日融。
晓启南窗时决眦，沧波万里片帆风。
三旬孤岛寄萍踪，适意之游难屡逢。
午夜半窗犹未锁，半湾凉月露华浓。
出城枉沿海湾之，此际风光一段奇。
万里长空碧如洗，斜阳潮落去帆迟。
水乡风景自然佳，秋感不烦游子怀。
十丈红尘飞不到，玄门常锁半扉柴。
恍疑身入小仙寰，一路斜通绿树间。
流水有声秋昼静，步从幽谷上深山。

另在根西岛亦赋诗一首：

事业可传名可称，千秋人去石将崩。
墓门秋老红霜叶，斜照照来云水僧。

偶得家信，谓先帝大正天皇诞生，故赋诗一首谨表奉贺。以下诗句乃明治十二年1月于伦敦所作。

乡书天外来，好足作诗媒。
凰阙举皇子，麑城毙贼魁。
公游苑宣涉，博览会方开。
教育兼劝业，经纶事美哉。

10月，笠原君从伦敦搬到牛津，我们又开始重新相互勉励专心于梵文经典研究。对此，我想起了一个叫 T.W.R 戴维斯（Thomas William Rhys Davids）的人。记得在我尚未进入缪勒博士门下时，也就是寄宿在伦敦莫里森氏家的时候，戴维斯特意来我住所拜访，送给我他的一部新作《佛教》，并劝我研究热门的巴利语。但我说什么也没答应，而是继续贯彻研究梵语的初心。

一次，我和笠原君跟随缪勒博士从牛津乘船去邻村。先生对笠原说“稍微过去一点儿”，但笠原仍固执地一动不动，后来有一天，缪勒博士说起笠原当时的顽固劲儿，令他感到非常吃惊。

记得这是发生在明治十二年12月下旬的事情。笠原君说有什么事去了伦敦，我一人留守牛津。当时收到了缪勒博士寄来的一封信。信上说：“我从伦敦的亚洲学会借到了你特别需要的《极乐庄严经》（《无量寿经》）的梵文写本，马上过来。”我心里格外欢喜，赶紧去先生家，小心翼翼地捧着经书回到住处，手不离字典，粗略地翻阅了一下。奇怪的是，在这部梵文经本中，并没有发现真宗教义中最最重要的第十八愿成就文中的“至心回向”文句，我等待笠原君回来探讨此事，一连几天都废寝忘食地誊写这部经书。

这一年，日本学生会的会员入江（已故穗积陈重氏）君和向坂君等完成法学学业回国了。特赋诗以表祝贺。

事业之难古今同，十中之九缺成功。
不图其本齐其末，靡不有初鲜有终。
讼事从来似丝乱，疑端自此永冰融。
好呼新志名记姓，驽钝须闻二氏风。

而且，这一年是我养祖母持名院圆寂7周年，我尚在牛津留学，想起家乡便提笔写了怀念诗。

说到我养祖母这个人，她是从越前北部一个偏僻的濒海村庄寺院——厨浦碧岑寺嫁过来的，该寺住持的内人又是我养父的妹妹。也就是说，碧岑寺和我的养家忆念寺是亲上加亲。另外，这座碧岑寺是一座古刹，相传其开山祖师是出现在“百人一首”中的行尊僧正，我来忆念寺时，碧岑寺的住持是卧龙冈行船。如果联系起来回忆当时的情况，说来话长，不容易讲完。我被迎过来做养子是明治四年正月十六日。那天的庆祝宴上，卧龙冈带来了三根硕大的白萝卜作为贺礼，在座的人都极为不解，个个目瞪口呆。可是卧龙冈显得很平静，他认为这份礼物应该位居当日贺礼之首，并开始解释这三根大萝卜的深刻寓意。

其词曰“大根[①]とはぬべき文字をはねもせでいらぬごんぼにちゃんぶくろ哉”。

也就是说，“だいこん（大根）”写成文字的读音里应该有“ん”，可是京都一带的方言省略了“ん”，只读成“だいこ”。另外，把“ごぼう（牛蒡）”误读成“ごんぼ”，同样，把该读成“ちゃぶくろ（茶袋）”的却误读为“ちゃんぶくろ”。有鉴于此，今天我带来的贺礼，不是（だいこん），而是取“だいこ”之意。而“だいこ”的读音又与“代讲”相同，之所以带三根大萝卜，也就是“三代讲”者之意。所谓三代讲者是指大谷派中自古以来获得拟讲·嗣讲·讲师三个学位的总称，也叫讲者。那么，赠送三根大萝卜的具体意思就是：在这座忆念寺，文雄的养祖父是德母院良雄拟讲（后赠嗣讲）、养父是神兴拟讲（后晋升讲师，号云树院），这下养子又将要加入讲者一职的行列。

① “大根”日语的发音是“だいこん”，中文译为长白萝卜。

总之，听了卧龙冈的一席话，在座的人都笑翻了。后来，在厨房的围炉旁，养祖母经常抚摸着我的头，给我讲述三代讲者的故事，以鞭策我努力勤学进取。

明治十三年1月以后，缪勒博士为我们讲读梵文《无量寿经》以及去年10月从日本寄来的《阿弥陀经》和梵文《金刚经》。

可是，那部《无量寿经》的梵文抄本是英国人B.H.霍奇森（B.H.Hodgson）从尼泊尔带来的，其题号即《极乐庄严经》，与日本寄来的梵汉《阿弥陀经》是同一部经典。还有，《金刚经》梵本详称《能断金刚般若波罗蜜多经》，一般称为《金刚般若》。在般若系的梵本中，还有《般若波罗蜜多心经》。这部经与梵文尊胜陀罗尼一起，被确认为两片贝多罗叶上的古梵悉昙，传到了日本法隆寺，后来捐献给了宫内省。现在应该收藏在上野帝室博物馆。当时岩仓具视把它拍成照片送给了缪勒博士。因此，我们每天所做的工作就是誊写、译读这些佛经。后来缪勒博士刊行了这些梵文，并出版了英译本（参照《东方圣书》第四十九册）。除此之外，当时印度出版的梵本*Lalitavistara*（《大方广庄严经》的梵本）也进入到伦敦书林，缪勒博士从繁忙的教务工作中挤出时间，为我们付出了译读之劬劳。这个时期，我们还读了梵本《普贤行愿赞》（与《金刚经》等同时从日本邮寄）。我在完成梵文《无量寿经》的誊写后，得古体诗一首。

古道要知初，遗经溢五车。
文献虽足征，传译多鲁鱼。
禹域译场绝，扶桑无异储。
吾侬已从事，故国岂安居。
鱼腹身须葬，飘然云水如。
寻来万里外，写得千年书。
翻译无真味，原文亦唾余。
无为何日达，卅岁费居诸。

9月，我们两人赴伦敦，每天待在英国印度事务省的图书馆里，阅览那里收藏的黄檗版《一切经》。这件事也是缪勒博士不辞劳苦把我们介绍给馆长罗斯托，才得以成就的。罗斯托也爽快地答应，而且给我们的研究提供了很大方便。这个时期我立志编纂出英文《一切经》的目录。10月以后，又回到牛津，每隔一天便去缪勒博士家上课，接受先生的指导。

这年夏天，在剑桥的末松谦澄君突然来牛津看我们，这一突然“袭击”使笠原君和我都甚感吃惊，由于我们太久没有见面，相互之间有说不完的话题，不知不觉夜晚来临，末松君决定在此留宿一夜。在这么狭窄的房间里睡三个人，我对末松君感到很过意不去。不管怎样相互间暂时挤一挤，就入睡了。可是到了半夜，末松君一翻身，我没扛住这阵势，被他挤下了床，算是出了个小意外。几年前我去位于芝区城山町的末松氏宅邸拜访，也曾谈起这桩往事，想起来那次是与末松君的最后一次对话。

当时驻法国的鲛岛公使，病逝于公使馆。公使曾是佐贺藩的家臣，与大隈重信是一个藩，亦颇具才气。由是，我和末松君赋诗一首，以凭吊公使之殁。

到处才名称绝群，生前功绩足云云。
全权特命鱼游水，佳遇千秋龙得云。
东海多年朗晨旭，西洋今日暗斜曛。
凛然忠节同终始，埋骨他邦能报君。

又某时贺首位香山院老师81岁赋诗。

自一揭名贯练堂，多年孜孜冠宗庠。
精神尤到护法策，曾设学场戒履霜。
教化不倦导缁素，风流时亦拜辞章。
云烟落纸未知老，又画梅花名亦香。
矍铄天真具仙骨，钦师能达养生方。
呼杯日夕眼光炯，般若汤是续命汤。
八十一龄非耄耋，前途毕竟寿无量。
祖门今日因师重，大厦千秋为栋梁。

亲炙空过十余岁，微躯求道在他乡。
家君有信报佳节，长句聊拟祝寿觞。

《明教新志》是当时教界唯一的报刊，被广泛阅读，这年正好是创刊发行满一千号，我尝试着写了一首新五十韵诗，寄给社长大内青峦居士，以为祝词。

王政唱维新。百事更觉新。东迁皇都新。巡狩四海新。教家亦一新。
神佛判然新。教部开省新。三条教宪新。咄哉旧换新。合并教院新。
分离论时新。明教志名新。刊行隔日新。一千号数新。居士丹心新。
佛门期更新。坏空成住新。异灭生住新。今古物从新。两间四时新。
春江花柳新。夏山绿阴新。秋夜月华新。冬日六出新。人焉得谢新。
百年趁日新。骎骎岁华新。老去白发新。汤铭要日新。盛周其命新。
王莽国号新。清朝姓爱新。故温而知新。孔门亦贵新。改过当日新。
守旧输从新。宗庙年荐新。其祭名尝新。四海争报新。纸上日斗新。
明镜光固新。尘埃时蔽新。明教理固新。行果或缺新。缁素若从新。
奋然能自新。佛日光益新。法轮转更新。若能此如新。佛门亦维新。

大内君是仙台藩人，初为禅僧，后成居士，做过篆刻师。光尊法主时期，他在东京本派学校任教，与各宗高僧交往。长期为《明教新志》执笔。大内君学才兼备，真可谓明治佛教界难以忘怀之恩人。

当时日本学生会中有个叫三田菱云的人。这年他因病到我们曾经游玩过的根西岛静养，我为他写了一首诗。

吟胸历历记曾游，鸟兔匆匆一葛裘。
落日寒潮海南晚，白云红叶墓门秋。
推敲不效僧无本，论辩时师老柳洲。
自笑图书推里客，悠然天外复头回。

我们每隔一天去缪勒博士家中上课，接受其指导。但是，笠原君特别喜欢哲学，他按照先生的指示，好像特别喜欢康德的《纯粹理性批判》。这年（明治十四年）6月，缪勒博士和我们一起离开牛津大学，去毛鲁伯伦的山丘上小住，我们在那里译读梵文《无量寿经》和《金刚经》，并做了笔录。另外，还译读了梵文《金七十论》，年内梵文《金刚经》得以发行流通。同年9月，在德国柏林市召开了万国东洋学会议，为了参加此次会议，缪勒博士也立即出发前往伯林，我们听从先生的诚恳劝荐，也于稍后几日从伦敦出发，途经荷兰到达柏林，前往缪勒博士住的旅馆投宿。虽然到了德国，但是完全不懂德语，我和笠原君两人一时兴起，开始学起德语来。刚到柏林，我们俩觉得很新奇，总是结伴外出参观游览。当时是19世纪末期，18世纪的伟人拿破仑，以其一颦一笑，尽显法国之权威，并由此征服了整个欧洲，而今却成为号称铁血宰相俾斯麦的世界，经过威廉一世及威廉二世，德国的隆盛在欧洲大放异彩。正因是那样的时代，柏林城的每一条街道都充满着活力。硕大的战胜塔也矗立了起来。我们以自己尚不练达的德语仔细推敲，反复思考战胜塔上的指示牌，好像写的是可以登顶俯瞰市景。于是我俩登上观望台，整个柏林市顿时尽收眼底，我们高喊着“快哉！快哉！”兴奋异常。回到住处，我们与缪勒博士共进晚餐，先生得意扬扬地提到战胜塔，当他说道“什么时候带你们去一次”时，我们立刻回话说“已经去过啦！”先生笑道：“这俩神速的家伙呀！”

当时欧洲学界的权威都云集在柏林市的东洋学会议上，这对我们这些青年后辈真是莫大的鞭策。参加会议的学者有我们认识的曼尼尔·威廉姆斯和麦克唐纳（现牛津大学梵文学教授）。曼尼尔·威廉姆斯认为，缪勒博士在其梵文典籍中把“cha”的发音用斜体书写成“ka”是不合适的，并为此展开了激烈讨论。在柏林停留数日后，我们与先生一起经由比利时，前往法国巴黎。在巴黎停留30天，由日本公使馆作担保，我们从巴黎图书馆借出两大册《翻译名义大集》（*Mahā-vyutpatti*）以及马鸣菩萨的《佛所行赞》（*AŚvaghosha Buddha-carita*）梵文写本。我们俩分工合作，在借阅期限内完成了对这些经典的誊写。除此之外，我们还誊写了《梵汉辞典》和《法集名数经》并抄写了《入楞伽经》和《金光明经》，这些事情都是在先生的指导下完成的。

10月份，我们与先生一同回到牛津大学，过了两天，我们去剑桥大学，借出该大学所藏的梵文本，以校对在巴黎誊写的《佛所行赞》，并决定于12月返回牛津大学。现在回想起来，再没有像当时那样紧张繁忙过。那真可谓不眠不休，完全进入了废寝忘食的钻研境界。特别是笠原君，极为顽固，经常让人拿他没辙。关于此事，我回想起发生在岁末圣诞节时的一件事情。缪勒博士给我寄来一封信，信中说“圣诞节时请你们（you）过来玩儿，给你们做好吃的”。可是，因为信封上仅写着南条文雄，所以笠原君颇为在意。他憨态可掬且一根筋地以为，写成“you”并非复数之意，而是单数，就是让我一个人去的意思。任凭我怎么劝说，他就是不去。我说：“那么我去先生家，当面请教先生这是什么意思吧。”我再三追问他到底去不去之后才出了门。我们到先生那里说明原委，先生一笑说：“我对笠原君的穷根究理真是无话可说了。”笠原君终于接受了“you”是复数“你们”的意思。接着在先生家，我们师徒之间无拘无束地过了一个快乐团圆的圣诞节。尤其好笑的是，笠原君嗜酒，当时他酒性发作，诗兴大发，口出狂诗道：“柳濑又七死去浓，葬式导师□□住，落力落力又落力，六亲眷族相集泣。”笠原君说这首狂诗是越中柳濑村一个叫又七的人去世时，其手次寺的住持赠送的，第三句“落力落力又落力”貌似是模仿《唐诗选》中“一杯一杯又一杯”而来的吧。

随着对梵文佛典的深入研究，我们前往印度朝圣的志向和憧憬愈发被激起。参拜佛址也是我们的夙愿。自离开横滨，轮船停靠印度之际，我们就曾想上岸前去朝拜，但终没成行，我俩经常商议，待回国时一定要顺道去印度拜谒佛陀灵迹。由是，赋诗一首以寄托心之所怀。

东人未试五天游，唯有梵书伴旅裘。
道树关心望万里，固林绝迹送千秋。
运微皇子殁边地[①]，时异高僧老故州[②]。
留学于我已过分，愿无蛇尾附龙头。

另某时送三田菱云君回日本，赋诗一首。

新诗未必吐新奇，一首唯将叙别离。
快聚似兰群活馥，淡交如水两心知。
他年鱼雁寄告去，万里鲸鳌戴子之。
龙动城中分手处，半宵风冷月升时。

当时驻英国的中国公使是侯爵曾纪泽，此人乃是以忠诚著称的曾国藩之长子，公使馆参赞官陈远济是其妹夫。另外，该公使馆

① 高岳亲王求法从印度到罗越国罹疾而薨，传有之。

② 华严凰潭曾请江户幕府将他到印度留学，然当时以渡洋为国之大禁，故不果云。

的书记生杨仁山（杨文会）是一位虔诚的佛教徒。我由末松谦澄君介绍，在该君的寓所面晤陈远济和杨仁山二君。因为我压根不会讲汉语，所以用笔谈。于是，仁山君将自己刊行的一册《大乘起信论序》赠予我，并告诉我他是通过读《大乘起信论》皈依佛门的，还询问我此书是否有梵文本。由于我不知道此书梵文本是否存于世，故如实地作了回答。闻此，仁山君显得很失望。

后来，陈、杨二君来游牛津，探访我们，我按前约将二君引至牛津大学的出版所，一睹先前由缪勒博士校订出版的梨俱吠陀梵字的活字。其后，又与仁山君往复书信很久。一次受该君的委托，将直接译自梵文的《阿弥陀经》邮寄给他。不久，仁山君回国，在南京开设金陵刻经处，致力于佛教书籍的刊行，并常常给我寄来书信，立志翻刻那些在中国已经失传、现尚存日本的佛书。他既然委托我帮他搜集，我也就壮其志业，与赤松连城君商议，竭尽所能提供方便。可以说该君对现代中国佛教所遗留的功绩正在于此。

我寄给该君的日本刊本中，金陵刻经处着手翻刻的书目如下：

1.《赞阿弥陀佛偈》	北魏昙鸾作
2.《往生论注》上下二册	同上
3.《略论安乐净土义》	同上
4.《安乐集》	唐道绰作
5.《观无量寿经疏》四册	唐善导作

6.《成唯识论述记》二十册　　　　唐窥基作

7.《阅藏知津》二十余册　　　　明蕅益大师智旭作

当年一位年轻的自称是仁山君孙女的中国女子访问过我的旧宅，说是正在东京的某个女子学校留学。

明治三十五年我赴法属东京[①]时，拟前往南京拜访仁山，由上海事先呈寄了信函，可归途路过上海时，已值年末，且听说南京寒气甚是峻猛，遂放弃了南京之行，遗憾没能达成目的。回到东京，即致送书函，或因仁山已是年迈病弱之故，以后再没能接到该君的书信。

另外还有一位叫凰议的书记生。有趣的是此人对英语颇为精通，对汉字却不在行。某夜，我和末松君去公使馆拜访，席间，我们和陈远济、杨仁山二君分韵赋诗，大家都在费力苦吟时，凰议氏偶入房间，见我们这副模样，简单地撂下一句“诸位如此徒劳费神，这是怎么了呀”，说完冷笑而去。身为中国人的凰议氏，对珍贵的汉字全然不感兴趣。

在该公使馆工作的左秉隆后被派往新加坡出任中国领事，由公使曾纪泽主持，召开了盛大的欢送宴会。席间，有一位姓马的中国绅士，发表了一通有关驴子的奇谈怪论，博得满堂喝彩，感觉甚是

① 越南北部的古城东京，今河内市。

奇怪。我主要阐述了净土真宗之宗风——“非僧非俗”的教义，并赋诗一首献给左秉隆氏，以祝其德业昌盛。

英京三度与君逢，离宴高堂笑语浓。
马氏谈驴足奇趣，僧徒混俗称真宗。
明公清操厉冰雪，多士雄才锐剑锋。
再会回头复何日，新坡东望水云重。

井上胆山君是我于明治四年夏在京都护法场期间结识的旧知。他曾寄来我所作的一首题为“欧亚新图诗赋”的次韵。以下一首诗叠韵，乃表达了我之所怀。

回头一别十星霜，衣钵飘然在异方。
偏喜故人犹怀我，曾交如昨未全忘。
涉成园北同君学，时讲麟经论素王。
朗读连朝破残梦，沈吟夏日不知长。
课余相对谈今古，快极辄入心醉乡。
同窗才隽亦盖簪，陶然几次忘昏黄。
君固吟量甚丰富，句就人疑有别肠。
何况生平能接人，心田淡泊没边疆。
一朝分手无音信，休讶隔绝如参商。

万里舟车容易达，东西今日不遐荒。
得书三复领君意，重钦高情温且良。
孤客何无怀旧感，断金锐利孰能防。
五篇赓韵胸襟发，好将残章叙渡洋。
谁言教家文献足，祖门毕竟乏书仓。
楚歌满耳法城下，教战谁能竞辩铓。
危急存亡秋已至，有人犹欲饱膏粱。
救之之术无他事，万苦千辛当自尝。
五岁投身天外地，蟹文异语两慌忙。
愚鲁何日能成业，开卷心中念教皇。
衣食从来贵知足，福田元自有余裕。
好披新志察时变，又讲摄生期寿康。
白云为霜西野晓，风吹残月蒹葭苍。
此时还动怀乡感，秋老白云山下房。
家信顷传老农语，今年大旱灾如蝗。
呜呼一别十裘葛，往事真成梦渺茫。
半日诗成自嘲笑，学窗不是斗词场。

牛津生活——笠原君回国

明治十四年（1881）秋，我察觉在巴黎做佛典抄写的笠原君非常疲惫。现在想起来，这恐怕是他患病的早期症状。1月以后，我在伦敦埋头整理英国印度事务省图书馆所藏《本邦黄檗版藏经目录译补》的草稿。着手整理此目录的动机，源于一位精通汉文、研究中国问题的英国人S.比尔（Samuel Beal）。他把《法显传》等译成了英文，且发愿编纂黄檗版《藏经》目录，似乎相当精进，但这个目录缺乏统一架构，极不完整。于是我痛下决心充分利用这次机会把它整理齐全，以在此领域站稳脚跟。这期间笠原君在牛津大学，承蒙缪勒博士之好意，着手誊写从巴黎国立图书馆借到的称友尊者[1]

① 世亲菩萨。

（Yásomitra）所著的梵文《阿毗达磨俱舍释论》（*Abhidharmakośa-Uyākhyā*），此部典籍纸面页数达535张，纸幅宽五六寸，长一尺半，两面各九行。而笠原君仅用三四个月时间就临摹完了，想必非常辛苦。每每想到他带病坚持工作，我都会生出由衷的敬佩之情。笠原君最初确诊为肺病是这年的7月26日，我在伦敦接到此消息，一度痛切地为学友之忧而忧。他的信是这样写的：

> 其后我的身体欠佳。在先生（缪勒博士）恳切劝说下，去医生那里就诊，被告知我的肺病已相当严重。并且说这个冬天不能在牛津大学度过了，应该尽快回国静养。事已至此，虽甚为遗憾，但别无他法。我近期必须回日本。关于回国，首要的是钱。为此，我想委托伦敦的横滨正金银行支店长桧原君帮忙垫付旅费，故拜托你届时与我前往。

这样，我等来笠原君一起前往银行，待我们说明情况，桧原君亦表示非常同情，并欣然兑换了旅费，我们俩深深地感谢这份好意。笠原君立即赶回牛津大学。但他依然孜孜不倦，没有废弃学业，继续校订着缪勒博士推荐的、号称龙树（Nargārjana）编辑的梵本《法集名数经》（*DharmasaMgraha*），终于完成校订，并提交给缪勒博士，由此可见，我的学友在学业方面是多么用功啊！这一年，友人河田贯堂君结束英国留学生涯返回日本。该君是著名朱子学家佐藤一斋之孙，曾做过德川公的汉学指导。下面是给他写的送别诗。

送河田贯堂君归日本

交友今年多远征，何时吟社又寻盟。
秋风万里归人意，宾雁一声孤客情。
四望预知诗易就，长叹休唱路难行。
太平洋里波涛稳，天半芙蓉带笑迎。

8月，金尾愣严君从日本来留学，寓居牛津。

送笠原君回国是初秋的9月12日。回想起来，自明治九年6月离开日本，至今已有6年，其间，我们历尽艰辛、甘苦与共、志同道合、心无旁骛地研究佛典，而今学友却要离开正在进行的研究回国，想到此，实乃万斛之泪忍于胸啊！回国前夜，笠原君离开牛津，住在伦敦的末松谦澄君寓所。是夜，我受老天文学家斯莱之邀住在伦敦近郊，于翌日清晨前往末松君住处。末松君说为送笠原君回国要做鲷鱼汤喝。鲷鱼已被末松君清理好了，接下来需要调味的酒盐。可是，伦敦没有日本酒。幸亏有一种类似日本酒的“雪莉”葡萄酒，三人决定以此代替。此番买酒差使，经由“划拳”决定，一锤定音命我前往。花费是六便士，容器是个小空瓶。到酒店买酒时，店员说：“就那么一丁点儿，你在这儿喝了再回去。”于是，我灵机一动，说“这是作药用的”。回来后博得他们二人称叹，由是，我们共进了最后的晚餐。次日一早，我们三人雇了一辆小马车，把笠原君送到了查令十字站停车场。然而，极为遗憾的是，这里成了我们永别之地。为送他，当时特作诗一首。

偏惊吾友促归装，同在天涯六载强。
欧语习来书百卷，梵文写得纸千张。
孤身有志巢枝鸟，二竖无情当道狼。
京洛相逢应不远，淳风坊里旧峁堂。

笠原君回国途中顺便去了锡兰（斯里兰卡），并在那里停留20天，11月回到日本，决定在热海静养。他先后给我寄来26封书信，内容颇为丰富。我在早间以“无法忘怀的人们”为题，选录信件的部分内容刊登在了大谷大学的《合掌》杂志上。而且，先前所说的笠原君的誊写伟业目前已收藏在大谷大学。

笠原君回国后，我过了一段独居的寂寥日子，不过到了12月份，菅了法君（号桐南）来英国留学，且到牛津大学，所以我又与该君一起居住生活。菅君是岛根县本愿寺派寺院的，此次留学与藤岛了稳君同行，但藤岛君留在了法国，菅君来到英国。有诗送菅君。

似菅桐南君

学窗还得友，倏忽已三旬。
灯下交情密，炉边笑语亲。
风流多韵致，磊落见天真。
半夜含杯坐，大声骂古人。

林研海君是研究医学之人，客死巴黎，此乃他乡志学之痛事。

哭林研海国手，次金尾蓝田诗韵

才臻巴里一旬过，薄暮惊闻薤露歌。
塞上秋寒悲断雁，池头风急战枯荷。
方书万卷精研熟，药石当年锻炼多。
今也则亡医国手，如斯陛下赤儿何。

牛津生活——忆笠原君

明治十六年（1883）癸未，我35岁。前面也曾提到过，S.比尔是英国人，喜好汉文，是搞中国佛教研究的，曾出版发行了英译《法显传》和《大唐西域记》。特别是那部《佛教三藏目录》（*The Buddhist Tripitaka*）是岩仓具视公寄赠给英国印度事务省的黄檗版《藏经》（明藏）目录，寄赠前一直放在我国外务省，那时因外务省役员们随便抽动翻阅，所以书册顺序全被搞乱了。但是，比尔并没发现这一点，就以混乱的顺序译成了英文，还说那样的顺序才是中国人的做派，这未免太过滑稽了。对此，T.W.R.戴维斯也曾评价说："将中国佛教文献译成英文是当务之急，现在出版刊行的太少，仅有法国S.A.朱利安（Stanislas Aignan Julien，汉名儒莲）翻译的《大唐西域记》，除此之外，J.理雅各（James Legge）翻译的四书五经虽然值得一读，但不是佛教图书，可我觉得比尔翻译的《一切经目录》等不怎么样。”于是，我跟缪勒先生说了此事，在先生的敦促和鼓励下，我便开始着手编纂一部更为精准的《汉译藏经解题》。这样，我无数次地往返伦敦图书馆和缪勒先生的家，从在英国印度事务省阅读《藏经》以来，终于在第三年4月由牛津大学克拉林登印刷局（Claredon Press）出版发行。

此书正式名称为《大明三藏圣教目录》（*Catalogue of the Chinese Translation of the Buddhist Tripitaka*，the sacred canon of the Buddhist in China and Japan）（约500页）。出版发行后，我立即给笠原君寄去一本，他回信说非常高兴我能完成此任。但是这期间理雅各英译的四书五经已先行试用了汉字排版（四书五经英汉对译），检字由佩姆布雷负责，但他特别缺乏汉字知识，所以在他熟悉此工作之前，由我直接协助。对此，印刷局特送我十册样刊和一百英镑稿费，这样我又得以购入新书了。接着，5月份又发行了梵文《无量寿经》和《阿弥陀经》。这是前几年与缪勒先生一起译的，我们把其中的《阿弥陀经》由悉檀梵文版本改写成了天城体（Devanāgari）版本。可是有关该经中的偈文，因梵文语法甚多变格，故按照先生的意见，也同时写上汉译原本，以梵汉对译形式出版。序文由先生亲自执笔加以确认。其后，这部《阿弥陀经》又经缪勒先生之手收录到《东方圣书》（*Sacred Books of the East*）第四十八卷中。如上所述，佛典校勘发行取得了丰硕成果，但笠原君未能看到这些就离开了英国，对我而言实乃憾事。此时滞留牛津已是第四个年头了。

四岁在牛津，儿童笑语亲。
甘为异邦客，犹记故乡春。
境僻既忘世，身全能惯贫。
兄书获吾意，未肯说酸辛。

某时，又次韵北方心泉君之诗韵，赋诗一首：

残宵掩卷独微吟，窗暗时知月影沉。
休笑去留犹未定，行云流水本无心。

我经常收到笠原君寄来的信函。自伦敦分别以来，9月13日他从巴黎发来第一封，11月24日从东京发来第十一封，12月5日从热海发来第十二封，到明治十六年6月27日发来最后一封，共计26封。我这位多年志同道合、共历异国辛酸的畏友笠原研寿君，于7月16日在东京大学病院（现在的东京帝国大学第一医院）与世长辞。年仅32岁。我听说当时现如上人（大谷光莹师）在东京，立即挥毫将“梵行院研寿”之院号法名赐其遗族。我一刻也不能忘记笠原君，我就以下述文字来缅怀他吧。

笠原君出生于富山县东砺波郡城端町，真宗大谷派惠林寺僧笠原惠寿师之子。他自幼颖悟卓群。往昔石川舜台君在此地作速悟院连枝的讲释时，笠原君亦同在此讲筵列座，并对舜台君频发诘难和质疑，以至于日后舜台君曾慨叹“对笠原君的穷根究理真是伤透了脑筋”，此足以见故人个性之一斑吧。笠原君与石川君有着密切的交往，石川君在家乡金泽开慎宪塾时，笠原君曾任塾长。我从故人那里亲耳听说，笠原君最初名字写成“贤寿”，然而在那时候，石川舜台君说“贤”字没意思，应改为“研”字。据《古文真宝》中记载的古砚铭文，笠原君开始使用“研”字，后将名字改写成“研寿”。盖是由于听从笔之寿以日算、砚之寿以年算才改名的吧。

我与笠原君最初相识于明治五年在京都本山做役员时。起初我是记室长，之后为掌仪（现录事）。金浦君（金泽人）为掌仪，笠原君是副记室长。故人内藏向学之信念，外显分秒勤苦之相状，该君滞英7载，其学问探究已如所载历历分明。作为哲人，他具有很多天分，论辩颇为明晰。在他遗留的笔记中，记载着诸多内容。试举一例，笠原君没有说教经验。而我从小即对近邻出家众等进行过说教，至少懂得些许要领。由是，故人把应写成“南条曰”的地方都写成了“The preacher said”（说教者说），故意跟我怄气。使我感觉笠原君就在面前的，是他先后写给我的26封书信。尤其是明治十五年10月8日、19日写于锡兰，以及27日写于印度洋的书信，作为锡兰纪行，盖是了解当时的印度的绝好资料吧。他在热海疗养时，病中也透显出几分轻快，似乎心情也明朗起来，给我的信札，内容亦颇为生动活泼，即曰："因想记述详细，故以蒙求体书写。"

先前笠原君在大本山担任掌仪时，曾有一柳下红楼之佳人，名叫小江。我原本滴酒不沾，可酒量远胜于我的笠原君，屡屡邀我去鸭堤一醉方休，他爱"醉乡"那个地方，恰似白居易所说"醉折花枝作酒筹"[①]之心境。小江那里有一位漂亮的密友，我们经常受到她们俩的热情接待。

然而，我们于明治九年相伴踏上留学之途，至明治十五年笠原君回国，其间多有悲喜交集故事发生。不管什么事，故人都会原原本本告诉我。他在发自热海的书信中，观人生、评世间，或感慨交友之不易，或触及性欲之议论，这难道是病势所导致的？其下笔刚劲雄健，褒贬揭露之绝妙清晰可见。尤其是其中不乏该君对自身所存问题的反思。小江在我们留学英国期间生下一子，孩子被起名为保义君，对孩子小江自不待言，其祖母的宠爱亦非同一般。但是在笠原君的寺院，一方面研寿氏留学在外，另一方面他的父亲亦早已过世，人不在，寺院极为冷清，所以信徒们特赴京都，跟小江商量收养这孩子的办法。各方讨论决定，暂时把保义君送到富山他祖父家里，将来由保义君继承惠林寺。现在小江早已辞了那份工作，前几年在四条御旅町附近开了一家箱包店，所以我也是每次路过那里

① 白居易《同李十一醉忆元九》："花时同醉破春愁，醉折花枝作酒筹。忽忆故人天际去，计程今日到梁州。"

都会不由地被店内情形所吸引。小江的母亲和保义君一起住在惠林寺，侍奉着佛祖。前几年我去访问惠林寺时听到很多故事，我认为再没有比因缘更不可思议的事情了。那是明治十七年我回国后与养母一起住在京都时发生的事情。小江和她的母亲，还有保义君，他们三人突然来看我们，我急忙拿出故人在牛津时的放大照片给他们看，大家都激动得热泪盈眶。其后，岁月流逝不觉已经四十年，保义君发起研寿会，继承着父亲的志业。

另外，我从当时的《明教新志》报刊获知，新法主（现如上人大谷光莹师）知道笠原君的病情后，带上自己手头的积蓄前去探视，故人不胜感念法主之尊意，希望回礼拜谒，但很快身体不得自如，不久身逝名销，撒手人寰。葬礼在浅草别院隆重举行，当时的轮班阿原寂英师为导师，在参加殡仪的诸多有志之士中，文部省御用科今泉雄作氏也是其中之一。

以下，我想记述一下笠原君最后的信函和恩师缪勒先生为悼念笠原君发表在当时《伦敦时报》上的文章，并以此慰藉故人之灵。详情请参照我所编纂的小稿《僧墨遗稿》。下文是笠原君最后信函的全部内容，依此可知当时实情。

拜启，闲言少叙，而今想说，由岩仓右府井上参议等之周旋，溯二日山内党、攻击党、筱原渥美讲中均被召集于枳殼邸，训诫说今后将谋大协和，弥弥和睦之场蕴藏着混杂之相，由此山内亦将愈加繁忙。日后的发展将会怎样？我等在病榻中拭目以待。

却说自我住院后，虽在尽力疗养，然未见好转，且被告知正在并发一种导致腹泻的“肠炎”，又因梅雨季节，诱发了“风湿病”，饮食极少。虽说在园中，但无力行走。恐是腹病之故。酷暑难耐，室内有时竟达84度，今后怎么办啊！

明治十六年6月27日　笠原研寿

收到信是8月底，笠原君于7月16日突然病逝，讣告到达英国已是9月20日。

笠原研寿小传①

近日，我收到一封从日本寄来的信函，向我报告我年轻的朋友及弟子笠原研寿病逝的噩耗。在英国，虽说此人的名字尚不广为人知，但此人的去世必不能不公示。诚如拉斯金（牛津大学美术博士）所言。虽说吾辈是不为社会注意，或不为人听说之徒，但也要记录其致力于其事业且以终生最善之力应用于学道者的学说。吾友之学说，常常

① 明治十六年9月15日刊登于英国《伦敦时报》，南条文雄译。

让吾辈惊叹不已。他是一位倾注颇多心血却未收获相应结果的人。其情况，恰如我国那种罕见的果树上盛开的烂漫花朵，一旦遇到严寒，其美丽与未来之希望顿时消失殆尽。

笠原研寿是一位年轻的佛教僧徒。1876年（明治九年），他与其友南条文雄一起从日本来到英国，被大本山送来伦敦学习英语，而后为学梵语来到牛津。他们两人于1879年（明治十二年）来我这里。虽说曾遭遇若干艰难困苦，但是他们以踏实勤勉之势，最终突破了语言障碍，至少达到了能够用佛教原文即梵语读解圣教的程度。最初他们几乎不能向我说明从日本远道来牛津留学的目的，而且他们进步之迟缓以至于让我对其成功绝望。但是，他们自身并没有绝望，且最终取得了成果。笠原在牛津时，起居极为简单，更没有沉浸于愉快享乐之中。仅有少许闲暇散步，不吸烟、不饮酒、不读小说和报纸。整日埋头于其志业，常常是一连数周除我和其同学南条文雄之外，不面见其他任何人。

笠原不仅能讲纯正的英语，而且能书写，还学过一点拉丁语和法语，能读一些历史和哲学方面的英文书籍。

笠原回日本之后，本该成为一名有用之材。不管怎样，他不仅汲取了欧洲开化过程中宝贵的善美，而且亦保持着几分本国的华美，这是源于他绝非是茫然模仿西洋风气之人。

笠原的行为是完整的，即是无我欲之人的自然举动。而且，其所成就的品格，我只能用这样的语言描述：我观察此人已久矣，却未曾见有一点伪诈。而且我怀疑，这四年在我们牛津的诸多学生中，还有比这位悯然的佛教僧徒更清净且更具尊贵精神的人吗?

佛教以有斯人而值得骄傲。过去笠原在牛津，虽说未曾投医主诉，但我看出了他有郁闷之兆。我即劝他看医生。医师当即确诊，曰我年轻的朋友得了痨症[①]，并已进入膏肓，随即劝他回国。笠原闻此并没畏缩，当时的声音至今仍在耳际，他用平静安详的口吻说“我邦多人死于痨症”。而且，笠原尚经常旅行，在锡兰滞留多日，与当地高僧讨论南北佛教[②]之不同。及至回到日本，其病情愈加严重。笠原常发信函给我，只是诉说无力专注于学业。其情感抑制非同一般。他与我告别时，脸色浅黄但如平日般沉着。我却完全不能理解他心中所想。不过我知道一件事，笠原与我告辞后，多次回望我家且在我家街道上徘徊良久。笠原曾对我说过，他在我家度过了平生最幸福的时

① 肺炎。

② 大小乘。

光。笠原给我寄来的最后一封信函中，第一次诉说了他在本国非常寂寞。曰：久病床前无良友。收到此信后不久他就去世了，并且听说于7月18日在东京举办了葬礼。

笠原的遗稿有多部，欲筹划将来出版发行。其中特别是校订那部龙树编辑的佛教古梵语典籍——梵本《达磨三揭刺哈》[①]的著作。然而，想到他入行多年尚未结果，实在心痛。

当我思考在3 200万日本佛教徒中，能够成为一名善良文明的佛教僧徒，他所做善事的多少及如何时，确实感到无限伤感。我清楚地记着，“好往善人[②]”。

那年我们在毛鲁柏伦山冈上曾共同目睹明赫的日落景象，西方天际出现的那宛若黄金色的帷幕。然吾辈不曾了知那帷幕后面覆藏何物。此时，笠原对我说：“彼处即是吾辈所说的苏佉伐提[③]的东门！”笠原凝望着遥远的西方，他确信所有亲爱的人们都会在彼处相见，且应至诚礼拜信奉彼阿弥陀佛[④]！

---

① 赵宋施护汉译的题为《法集名数经》，“明藏则字函”中约有6张半纸面。

② 原语引用自拉丁文。这是罗马人经常写在碑文上的永别语——“再见吧！善良的灵魂！”

③ 安乐土。

④ 无量光。

弗里德里希·麦克斯·缪勒（F. M. Müller）

1883年9月20日于牛津

接到笠原君的讣告，黯然赋诗一首以为悼。

去年今月上归途，记子玲㻞貌已癯。
求道一旬留古岛，学文十载在名都。
素心同慕显奘迹，交意曾期管鲍徒。
天寿果知真有命，东来万里亦良图。

归国在即——忆缪勒先生

当时，西本愿寺派的僧侣北畠道龙君，从德国来牛津大学拜访缪勒先生。他精通德语，且打算从英国回国时顺道去印度参访佛教遗址，力劝我回国时务必同行。但我因故推辞了。

当时，我已决定近期回国，日本学生会的会员们为我举行了盛大的欢送宴会。以下百韵长诗即是我在席间公布的诗文，这是在7月28日彻夜未眠一蹴而就的。

将赴欧洲经印度归日本留别诸友，用井上巽轩君送寺田游中国望南诗一百韵（明治十六年7月28日作成此诗之后，其行尚留英之牛津，十七年3月赴英京伦敦，经北美归日本）。

妖云卷空势倏忽，大宝一先难复出，谁把鲁阳三尺戈，仰向中天揭颓日。

愧吾生涯穷措大，一心唯奉西方佛，看来他教圭角多，奚若温然金口说。
大乘教理适时机，休言法脉细如发，精神一到事皆成，遮莫世人论得失。
大师当年成其道，不使外道逞狡猾，大藏五千传到今，其言毕竟不拗捩。
禅机发处乃拈华，教理通时唯指月，得到弟子以万教，外道论师言喽嘌。
天纵之圣谁得比，大喝一声觉天热，言吐亮亮何所似，河水截地直奔泊。
狮座高耸百由旬，王公大人齐屈膝，勤苦六年虽独悟，前佛后佛同绍述。
况复诸佛同证诚，十方各出广长舌，佛心者大慈悲是，神道游戏非奇谲。
古来贤哲皆极口，大声赞佛不窸窣，禹域有人称儒者，漫以文章逞诡黠。
不知因果有至理，与他妇女同如嫉，却忘孔子亦说天，天命业道本是一。
大东千载传佛法，久矣我党甘蠖屈，为多利奔名走徒，空门时疑簇贪猾。
谁哉真成知道味，别出机轴活泼泼，盖有之矣我未见，共谁今日救汩屈。
同心当期断金利，古云一德罔不吉，我望道友亦此耳，临别殷勤重详悉。
身如燕子迎秋去，莫嫌黄吻更聒聒，一处和合名为僧，以僧为名岂无实。
泰西未传大乘经，唯学小乘经论律，休谓涅槃常住理，心服彼徒难可必。
此理真空而妙有，包藏宇宙一切物，同朋从今尽心力，传播之事愿奋发。
然虽禀性羸且孱，平生须讲养生术，天下滔滔不知止，厌看人间多饕餮。
何陋之有君子居，唯要所言无圭臬，此地假令多瘴疠，揭起法灯不永灭。
回首七年何所为，挂锡天涯益顽劣，学窗掩卷时长啸，踈狂习气未全脱。
衣食幸免饥寒苦，佛祖有恩尚存活，醉生梦死年又年，我生毕竟齐蠓蠛。
多幸稍学古梵得，桑榆一朝归意决，群友开宴远招邀，龙城此夜来告别。
此会终身我当记，癸未七月二十八，八千里外异域盟，最喜再寻缘未绝。

我今将探五天胜，游踪或及雪山雪，流沙水落蒹葭寒，祇园寺荒云迷没。
鹿苑鹫山空寂寥，猕猴之池独清冽，王舍城中不见僧，天人无复供彩缬。
迦毗罗城宫殿崩，娑罗林中风挟擦，阿育八万四千塔，碑文才存多寥沈。
奇哉炎热如毁地，诗人自古才思阔，自四吠陀及院本，作者多是天下杰。
口碑相传三千岁，西人亦服雄词豁，唯恨古来人不和，兄弟相阋屡践血。
不是轻薄乃恬熙，忧国之情不激切，空文失实一何甚，举将邦家付泡沫。
珍重我教大雄氏，曾于此际心不折，时谈王法论政事，君王因之有余烈。
世尊之名觉者号，万人到处闻风悦，五天今日无佛法，何人能使佛心彻。
微躯喋喋辩到此，如闻空中频吒吒，咄汝盖自量其分，措大生涯穷如虱。
成童才能习句读，弱冠以后事呫哔，议论遂不及蚊刺，如汝井底老孑孑。
其言轻而其事奇，唯我闻此不敢睹，妄想作鬼威胁我，读书固期立志节。
我性沈嘿殊鲁钝，平生未曾试豪逸，虽然人心非无主，岂使他人恣牵掣。
凌霄志气徒自企，却耻豪怀未蓊勃，离筵不当作此语，一笑须解气郁结。
满座群友皆益者，超然尽无非英哲，多谢群友爱我意，如此盛宴为我设。
自我曾从群友后，瞠若常感才敏达，崭然头角拔其萃，奚啻泰山于丘垤。
凡百学术与文艺，学习有日非滥窃，有无相通交易退，见机而作岂觬舵。
或有从事于交际，应对让步所不屑，造次不慎辱使命，此膝何得容易诎。
或有专攻刀圭业，病根蟠处要攻拔，何可一日无国手，医法研来可咀啮。
有人又从开扩事，日侵烟雾入石窟，不论深山与幽谷，脉络通处仔细阅。
有人又习工匠务，不嫌与彼工夫匹，亲试规矩与准绳，经营功成工事毕。

法律学者亦不少，业成七人[①]已被褐，风俗人情晓得明，仍照法律要辨诘。
其余穷理或经济，各练心骨究秘诀，群友如此道不同，孜孜黾勉不敢歇。
时月相会互相话，异闻满耳化顽质，此我所得于群友，吐露衷情请君察。
就中别有文字友，春花秋月时弄笔，此行固有送我词，李杜韩白巧剪截。
吁我幸具家庭庆，父母俱存身无疾，有方之游人所许，所以单身在天末。
加之古来有为士，多是雨沐又风栉，宴安荼毒吾亦记，壮年男儿须仡仡。
一跳我将自此去，飞舟一叶破溟渤，君若有意陟彼崖，为我目送帆影瞥。
长歌吟罢夜将半，漏声沈沈鸣蟋蟀，游子何堪此时情，黛眉江头秋萧瑟。

送黑崎某归日本

忆母一朝先我归，舟车万里似鹏飞。
送君十月牛津上，寒雨霏霏打客衣。

菅了云老师寄怀其息桐南诗韵赋寄

学文十载在西洋，万卷图书更混茫。
堪喜良朋来励我，男儿百世可流芳。

正如上述百韵长诗所记，那些日本学生会的会员，即我的朋

① 七人皆曾在英京，余之所亲交者曰星亨、长冈护美、穗积陈重、向坂兑（此人已亡）、冈本辉彦、三条公恭、增岛六一郎。

友中，有多人专攻法律。与星亨君结识是我们到达伦敦后不久，当时经横山孙一郎君的介绍寄住在鲁滨逊先生家。那时，他力劝我给大家谈谈我们宗派的教义，我便给他介绍了亲鸾上人非僧非俗的教敕。此人颇为豪气、性格刚强。

认识马场辰猪君也是在这个时候。他说："读了查尔斯发表在《当代评论》上的题为'佛陀的说教'的文章，该文明确揭示了人的道德问题。对佛教教义涵摄道德问题甚感意外。"一副非常感动的样子。笠原君回国后，增岛六一郎君为准备律师资格考试，躲避伦敦的嘈杂，来到了牛津，借住在我对面的一间宿舍里，他常来找我，我俩笑谈治学的劳累并相互安慰。我与末松谦澄君关系最为亲密，在英期间留下了很多回忆。回国后我们也经常往来，沉浸于叙旧畅谈之中。他是在明治十九年回国的，当时伊藤博文公任总理大臣。后来末松君任递信大臣，我曾介绍并斡旋高楠顺次郎君做他的秘书。在高楠君赴西洋留学时，我曾写信给缪勒先生，祈请把高楠当作第二个笠原君给予指导，并得到了先生的认可。

义净的《南海寄归传》是一部重要的佛教史料。我在英国期间，这部著作尚无合适的翻译。不过吾友笠原君在缪勒先生的指导下，将翻译此书作为集大成之业，然而中途不幸辞世，未成就此目标。后来高楠君继承此业，终于得以完成，在叙述这些事情的过程中，我内心的喜悦真是难以言表。明治二十九年，这部精湛的英译著作连同长60余页的宝贵的研究序文在牛津大学问世了。

三条公恭君是三条实美公的弟弟。长冈君是细川侯的弟弟，后来成为元老院议官。他曾来欧洲出任日本驻荷兰的全权公使，期满回国时，我尚在牛津，故特意发来电报告知此事，并相邀从伦敦到近郊游玩。当我告诉他我过去曾将泰晤士河比作黛眉江作过一首诗时，他非常欣赏，随即吟出二句承启句“黛眉春水黛眉山，处处人家绿树间”，并说：“你要来填补后面的二句转结哟！”我至今也尚未偿还这个诗债，真是惭愧至极！向坂兑君英年早逝，穗积君现也亡故，听说冈本君还在做律师。不过，世事变迁令人目眩，俯首一思，实乃感慨无量！

然而，至明治十六年，由本山寄来的学杂费总是推迟，诸事不顺，在生活费穷极之时，我常常去麻烦领事南保君。就这样，忙忙碌碌到了明治十六年岁末，接着就是明治十七年甲申年新春。这年正月，我蜗居在牛津的寓所里，收到了居住在京都的养父发来的一封长长的信函。从信函内容得知，我的亲生父亲毛芥院已经辞世，养母寿光院患病在身，学友笠原君也已驾鹤西归，并写道：你赴英国留学已达九年，我在京都度日非常寂寞，盼你早日归来。

我祖籍岐阜县大垣町，距那里三四里地有个叫岩手的地方。竹中氏原本是幕府将军家的直属武士，维新前是名列大名的小藩士，其家臣中有一位叫神田柳溪（号南宫）的医生。该医生是山阳的门徒，也是一位诗人，开了一家私塾，教育藩内的年轻人和町人的子弟等。我的亲生父亲也曾就学于此私塾。但是，其间由于祖父宜顺亡故，所以就离开了私塾，当了大垣誓运寺的住持。后来他努力研修汉学，求教之人甚多，所以当时我家也就变成了一个小小的汉学塾。听说我的祖父年纪轻轻就前往京都，受学于憧坊慧献嗣讲。祖父喜好和歌，擅长写俗称八分的隶书。家父是一位极为严厉的人，他喜欢喝酒，晚酌时经常招呼我们兄弟五个并坐奉陪，父亲边吃着烤鳗鱼，边教训我们："汝等现在还不过是我的一根小指头，等你们长大了，一定要好好学习，要各自开创自己的福分哟！"由是，父亲不在家之日也就是我们的安宁之时。母亲很同情我们，会给我们做好吃的鳗鱼，这是一份美好的回忆。

母亲出生在邻村的西派寺院，16岁嫁到我家，性情十分温顺厚道。然而，明治十六年，我的养母在京都（御前通西洞院东入）家中卧病不起，病情不容乐观，所以，我父母特意从大垣老家前来京都看望养母。探视养母之后，当晚投宿在东六条的河六旅馆。但深夜时，家父突然生病了。起初母亲理所当然地以为应该是旅途不适造成的吧，然而，病情急剧恶化，不到一天，父亲便在19天的旅途中成了不归客。享年66岁。想到他那样期盼我回国，唯有"子欲养而亲不待"之悲叹了。话说我的养母，其后病情也是时好时坏，总之是靠着药石勉强度日吧。因此，我也逐渐产生了回国的打算，并且越发急迫，便把养父这封信的内容告诉缪勒先生，且提出了回国的想法。先生说："我对此深感惋惜，如果再在英国待上两三年，你将会取得几倍于以往几年的成果啊！假若你在此学医的话那另当别论，而你即使现在回去，也没有任何办法嘛！”恳切劝我推迟回国。然而，我已与自己的亲生父亲经历生离死别，而今再听闻养母亦在病床上呻吟，无论如何我也再没有久留此地的心情。一旦决定回国，九年的滞英也便觉不再漫长。我们曾经怀揣相同的梦想，一同踏上此地，如今斯人已去，但笠原君的影像仿佛一直徘徊在我的脑海。时值3月28日，早春之憾事是追忆故旧而回溯过往九年，即托诗以抒怀：

二友同予去大东，一留英国一归空。

刻苦十年学古语，归途吊影南文雄。

当时日本驻英国的全权公使是森有礼氏。也就是说，森公使是上野公使的后任，任期仅四五年，明治十七年2月我从牛津到伦敦送他回国。森氏乍一看似乎颇为刚直、舌锋又锐利辛辣，但爱学生，对待学生犹如对待婴儿一般。因此，我们每次去公使馆，都会受到百般照顾。有一次，我在公使馆一见到森氏，他就这样问我：“我曾在某寺院，翻阅一部佛教圣典，一下子就看到一部经里有‘设我得佛’云云，其结尾处又写着‘不取正觉’，我想这太有意思了，你知道这部经的名称吗？”

对此，我回答说那是《无量寿经》，并详细述说了该部经的内容。这越发激起了公使的兴趣，他委托我说“一定借我一本看看”。于是，我把带去的小圣典暂时借给了公使。然而，此后过了很久，我见到公使，问他：“阅读圣典的感想如何啊？其实我只带来了一本，希望您读完了之后还给我。”见我这样说，公使马上说道：“我也太忙了，没想到读得太慢了，抱歉！实际上我认为只有在便所内才能细读玩味那种书，天天如此。马上就要读完了，能不能再等我一段时间？”这种讨人嫌的话居然也能若无其事地说出口，真是一位奇怪的人！我认为所谓气吞虹霓才是公使的真面目。而且公使还是一位引领时代的人。在缪勒先生和我们的谈话中，曾对森公使的见识大加赞赏，他说：“你们知道森公使吗？公使实乃慧眼卓识之人。几年前遇到森公使时，他就说过将来日本也必须全部使用罗马字。真是有远见。”

我回国时，森公使已经是文部大臣了。前往大臣官邸拜访他时，他愉快地上前迎接我，并说起当时在伦敦的各种往事。他说：“我的孩子们说日本学校的课本很无聊，尽写一些要善待他人、讲究礼貌等的说教之词，但这些在英国都是常识，即使不说也是必须要遵守的，所以日本的教育太落后了，真是无聊透顶！”依然情绪高涨、谈笑风生。这年（明治十六年）10月下旬，公使给我发出了亲笔邀请函，希望我参加公使馆于11月3日举行的天长节庆祝会，我欣然接受了邀请并出席了庆祝会。

公使讲完祝词之后，大家以本国人留英时间最长者为由，推举我来作答谢致辞。由于我是东本愿寺的留学僧，所以大家连声高喊“和尚起来，起来”。真是令人生气，所以我站起来后正言道：“和尚也是人，本人也是与诸君一样同为大日本帝国的臣民。”大有一决高低之势，顿时会场一片骚动，嘲笑声四起“是啊是啊！该说该说！”于是我说：“在此感谢公使的恳切邀请，希望同胞们恪守本分，以侍奉报效皇恩。”以此作为答谢辞。翌日回牛津途中，前往公使馆，为昨夜的失礼向公使表达歉意，结果公使却笑着说“甚为愉快”。我为公使的坦诚和爱护学生的情谊而感动。公使遭遇不测是明治二十二年我担任名古屋普通学校校长的时候。想起在英国时他对我的恩情，我进京参加了他的葬礼。他的结局是那样的悲壮，真是令人扼腕叹息。顺便说一下，他的名字读音是“アリノリ（arinori）”，而不是“ユウレイ（yurei）”[①]。

缪勒先生以我校勘出版《大明三藏圣教目录》为由向牛津大学提出授予我学位。3月18日，我随先生参加了学位授予仪式。仪式是按照古礼进行的。先生让我到室外等待，自己去隔壁房间。这里有很多教授列席，其中一位代表宣读学位授予推荐书，其内容是以拉丁语写成并张贴公布于众。结束后，先生把我叫到室内，逐一向诸位教授介绍了我，在此我第一次在该大学名簿上签了名。

我参加牛津万灵学院的晚餐会是授予学位的前天晚上。听说先

① “ユウレイ”的读音，还可以写成日语汉字“优丽”“幽灵”，前者是“温柔美丽”之意；后者是“亡灵”“灵魂”之意。这里作者可能是想强调不要把“有礼”读成“幽灵”。

生首次从德国来英国时曾是这个学院的学员。

这样，我告别了同宿舍的菅了法君，离开了牛津，前往伦敦。碰巧这时先生也去伦敦办事，我们结伴而行。在维多利亚停车场前，我叩谢老师十年之恩情，感激流涕。接着便去告别诸友，我先去拜访了大英博物馆的弗兰克斯氏。他对我回国感到由衷的惋惜，并送我一本弗格森撰写的堪称“世界奇书”的大作《树与蛇崇拜》（*Tree and Serpent Worship*）作为纪念。然后我去园田孝吉君那里告别。我一说“我要回日本了”，他马上说“那我们一定要开个晚餐会”。这样，十几名学生会会员，为我办了送别宴会，我们打开刚从日本寄给孝吉君的一桶大酱，吃着白米饭，喝着大酱汤，吐胸襟、话离别。这成了我在英国的最后记忆。

现在，在我即将结束回顾留学时代之际，我想再重新追忆一下上个世纪在东方研究领域值得赞赏的一位伟大的领军人物——我的恩师缪勒先生。恩师对我学问上的引路——几乎完全是从ABC教起，到梵文佛典的书写译读，乃至研究成果的校勘出版发行；与此同时，当时在19世纪后半期，东方研究终于得到欧洲学界关注，诸多学者借此时运得以取得成就并组成研究会，恩师介绍我认识这些东方研究的大家乃至后来我们成为同行。也就是说，在我的学术生涯中，恩师不辞辛劳启发我已长达50年之久。

先生于公元1823年（日本文政六年）出生于德国德绍市，听说他的父亲叫威尔海姆·缪勒（Wilhelm Müller），是一位诗人。先生中学毕业后，便前往莱比锡和柏林学习梵语。在巴黎留学期间，师从当时的巨擘俄热纳·布尔努夫（Eugén Burnouf），专心研究梨俱吠陀。后来到达英国，受东印度公司委托，出版了《梨俱吠陀全集》，名声渐起，从牛津大学的助教授跃升为教授。

先生的夫人颇具文采，贤惠且素质高，特别是对我们学生更是慈爱有加。近代著名的美术评论家拉斯金（Ruskin）是她的父亲，当时是牛津大学的美术教授。

先生在大学开设的讲座是梵语学，除此之外，他对比较语言学、宗教学等也有专门研究。我们留学后，他对佛教学也显示出极大的兴趣。在印度研究、印度学方面，他实乃无可匹敌的权威。在此期间，先生最大的支持者是牛津大学名誉校长阿尔伯特亲王，亲王即维多利亚女王的夫君。

先生完成了一套堪称时代壮举的《东方圣书》（*Sacred Books of the East*）48卷的校订出版事业。

先生育有一男二女。长子是外交官，曾驻北京担任英国公使馆的秘书。我记得先生的次女是现牛津大学梵语学教授麦克唐纳的夫人。在先生“为了参考，去看一眼怎样？”的鼓励下，我出席了他女儿的婚礼仪式，并在日本人开的商店里购买了一块布料，以表示祝贺。那真是一场让人感受到以古朴为主旨的庄严的婚礼。

对于先生和夫人的美好回忆，使我想起了过去我和笠原君一起去先生家译读梵文《无量寿经》的往事。我们到先生家，先生说：

“稍等一下，我手头的工作马上就做完了。”说着就又回到隔壁房间，继续和夫人用德语、英语两种语言讨论着高深难懂的话题。这就是那部倾注先生诸多心血的康德《纯粹理性批判》（*Kritik der reinen Vernunft*）的英译版（*The Critic of Pure Reason*），因此说该译作的一半功劳应归于夫人也不为过。我认为夫人在文采方面确实具有天赋。出版时，笠原君立刻购买了一本，并且爱不释手，经常阅读。先生也格外欣喜地直呼“Kasahara![①] Oh yes! Oh yes！”高兴得不得了。

先生谢世是在明治三十三年10月28日，享年78岁。接到讣告时，我正在前往北京的轮船上，惊愕之余，立即给夫人写了一封吊唁信函。先生于生前自己动手撰写了一部分传记，但终没能完成，后来由夫人承担此任。夫人想把先生与我的交往也写进去，为了确认我和先生之间的关系，夫人曾给我发来信函说“希望把先生给你的信件寄过来”。我即刻把这些信件寄往日本驻英国公使馆。现在我珍藏着先生的几十封书信，它们和笠原君的书函在一起，尽管遭遇过震灾猛火，但未被烧毁。时至今日，每每阅读这些信函，都会感受到40余年岁月匆匆，也更加鞭策我不顾年迈犹自奋勉。这些遥远但遒劲的信函一直是我精神上的资粮。

① 笠原君的名字。

途经美国回日本

明治十七年（1884）3月28日，我从伦敦尤斯顿路停车场启程回国。前田利武君和末松谦澄君二位前来为我送行。前田君是前田侯爵的弟弟，就读于剑桥大学。末松君说为了打发我旅途寂寞，特地送给了我一套东坡诗集《寓惠集》。我在航行于太平洋时所写的诗作，多受这三册东坡诗集之启发。东坡诗集大多是风韵妙趣的真实玩味，犹如“溪声尽是广长舌，山色岂非清净身”一联所见，他作为佛教徒已然是超凡脱俗。9年前，吾与大越、笠原二君相伴抵达伦敦，如今却孑然一身返回故国日本，想到此，早春之憾不禁遍布周身。形影相吊成为天涯孤客。火车载着我这个游子很快就到达了利物浦港。29日，轮船在此港起锚解缆，缓缓驶向大西洋。在船中，我打开《维摩经》，不禁吟出以下诗句：

大西洋舟中读《维摩经》

十年世路易蹉跎，勇健未能降四魔。

谁识大西洋里客，舟房黑坐读维摩。

4月9日，抵达美国纽约。纽约是一个繁华的大都市，在街上游览时，对面走过来两位似曾相识的日本人，其中一位是以前在牛津大学认识的增岛六一郎君。在此完全是邂逅。他说“咱们一起走吧”，于是我们一起到了波士顿，前往著名的坎布里奇大学拜访了朗曼博士，并得到允许参观了大学校园。博士说他在德国学过梵语，并赠送给我一本他的著作《梵语读本》。

返回纽约后，我与村田君和岩田君约好结伴回国。岩田君是福泽先生的亲戚，为横滨同神公司的驻外人员；村田君供职于富士造纸公司。在纽约停留一周，我们三人于17日乘坐横穿北美的火车，驶向旧金山，途中顺道去盐湖城参观了摩门教的大教堂。仅从建筑角度看，摩门教教堂异常庄严，简直是美轮美奂，尤其是在音响方面的处理，可谓匠心独运。我们跟着解说员走进教堂里面，寂静之气透彻肌肤，令人感到一种奇妙的压迫感。殿堂中央设有讲坛。解说员让我们三人站在讲坛附近，自己跑到很远的地方，从兜里掏出一个小别针，让我们看他扔在地板上。原来，这座大伽蓝最大的亮点就是连一根针掉在地上，都可听见声音。我在这里买了几本经书，又乘火车返回旧金山。其间，落基山峻峰迭起，尽管已是四月天，而那终年积雪的峡谷依然深深地吸引着乘客的眼睛。

四月源头雪尚深，蜿蜒铁路上岩岑。
不知身已在山顶，车下惊看溪万哷。

又

荒山戴雪几层层，此际列车鱼贯登。
登到四千余里顶，路旁三尺有坚冰。

又

坐驰千水万山间，风卷惊沙吹我颜。
连日车中无一事，汽机声里客心闲。

在盐湖城作诗二首。

一夫多妇别成风，此教还如补化工。
请看乱山荒野外，盐湖开府百年中。

彼亦伟人此卜居，平生不顾世毁誉。

吾侬今日访其迹，食馆无端得教书。

24日，抵旧金山，留二宿。26日，乘坐亚儿碧号大船，起航驶入太平洋。残梦早已回归故里，我想快快投入慈母的怀抱。

隔海皇州望渺茫，二旬应渡太平洋。
夜来桑港客窗梦，早趁长风到北堂。

登上港口高楼的顶层俯瞰太平洋，只见一股股白浪不时撞击着岸边的礁石，浪花四处飞溅。

水打巉岩白浪高，海中狮子互呼号。
好凭栏角望涛势，坐使闲人意气豪。

轮船终于驶入了太平洋。一想到还要在船上待20天才能抵达故土，浑身似乎油然生出一丝疲劳。幸好出发前末松君送给我一套东坡的《寓惠集》，还有我自己携带的一部《维摩经》，它们成了我在船上的最好伴侣。与大西洋相比，太平洋的波涛要安静一些。不过，放眼望去依然是云烟缥缈的大洋。我常常在甲板上凭栏眺望水天相连处那飘动的云烟，并且饶有兴趣地凝视着行进在巨浪中的船轴，随着蒸汽机的轰鸣，巨大的浪涛败下阵来。

看海看累了，我就与村田君和岩田君一起聊天闲谈。也会时而翻开诗集忘却世事，时而倚在椅子里任思绪驰骋古今。在穿越太平洋的轮船上，每有偶得便随笔记下，留绝句6首[①]。

洋心风浪动，无力开书笼。观海已旬余，依然吾眼孔。

将来书几种，古学将推奉。游子有深忧，道遥而任重。

佛门时不韪，复往生英伟。龙象古来多，现存今有几。

愿为松菊主，难耐世尘苦。海上忆人间，头风未全愈。

家乡慈母在，知是倚闾待。游子意何堪，茫茫太平海。

十年穷且苦，苦学吾才尽。旬日见爷娘，西京食新笋。

朝风吹片月，夜坐冷吟骨。何处是英苏，那边定吴越。

谈论如鼎调，诗赋无觥罚。萍水客相亲，巨舟似仙窟。

① 原文数字有误。

轮船在茫茫的大海上，时而发出几声汽笛声响，吴也好，越也好，任由东西南北不辨方向地航行于天海之间。一打听才得知，这艘轮船在夏威夷港口不停靠。如此一来，在抵达日本之前是再也见不到陆地了。我归心似箭，屡屡感到轮船航行太慢，但更多时候是处于忘我沉思。幸好船上有一个快乐的中国小孩儿，我们常常聊天，我让他看我写的诗，他总是一副看懂了的样子，并说着什么。另外，我记得还有一位九州的医生，他是晕船体质，非常健谈，但每每海浪打来，他说声“告辞一下”便会躲进船舱。

以下27首绝句[①]，是我在此间即兴而作的。

海水如油夕照红，长烟一道满帆风。
归云倦鸟空来往，身在坡翁诗句中。

云锁欧西绝旧踪，巨舟凌浪似蛟龙。
千秋不羡登仙客，万里游人归兴浓。

行舟夜夜近乡邦，怀母心情未肯降。
一日三秋游子恨，十年不侍北堂窗。

① 原文数字有误。

风浪掀舟彼一时，舱间头重旅心悲。
春晴今日海如席，好倚铁栏吟古诗。

风满春帆舟欲飞，汽机声里漏钟微。
樯头弯月升还下，夜气凄凉透毳衣。

东西南北本来无，日月升降天一隅。
水路二旬观万境，不疑杨子泣歧途。

庄老曾论物我齐，吾侬未解悟兼迷。
前宵偶梦牛津里，客舍并州忆故栖。

十年宿志未全灰，欧水美山探胜来。
风树伤心远游子，慈亲不待噫悲哉。

十年吾是远游人，絮果萍因云水身。
欲学古书扬古道，祖门何日一番新。

法中兄弟易支分，古籍五车难解纷。
许否吾人新事业，牛津多岁读梵文。

水与天连眼界宽，双双白鸟映清澜。
诗人别有闲公事，尽日沉吟独倚栏。

旬日未臻江户湾，客愁无复旧时颜。
沉吟自笑归心切，误认浮云为富山。

自出乡闾已十年，春花秋月梦相牵。
即今归路徒消日，堪羡当时缩地仙。

四边唯水已连宵，片月繁昂在碧霄。
十岁云游驾鹏翼，舟房依旧似鷦鷯。

鷦鷯未得一枚巢，随处人间是乐郊。
行遍西欧兼北美，士林多是漆胶交。

云水茫茫舟一只，皎然今夜见纤毫。
何来长影掠人面，百丈帆樯冲月高。

潇洒奈斯良夜何，太平洋里月光多。
汽机声静舟如坐，难信此间千里过。

水上风光入夜多，烂然沧海涌金波。
星稀云散明如昼，今夕无诗奈月何。

偶然十岁脱袈裟，飞锡他邦避世哗。
地狱天宫同净土，行云流水本无家。

所谓“地狱天宫”云云，出自《圆觉经》，原经文是“地狱天宫皆为净土”。

静坐舵楼待夕阳，颓然易入黑甜乡。
除眠食外无公事，即是长生不死方。

分手从辞纽约城，舟车夜夜数归程。
消过仅仅旬余日，回想别时如隔生。

故人落落似晨星，海北天南随水萍。
自喜此身犹现在，他邦刻出万年经。

所谓“万年经”是根据善导著作中的“末法万年余教悉灭，弥陀一教利物偏增”文句而写，这里特指在牛津出版发行梵文《无量寿经》。

法灯明灭感何胜，此际也逢他教僧。
造化因缘同异俗，人心毕竟木从绳。

船中有一位美国的传教士。据说他要赴日本从事传教活动，并且决心不再回美国了。

此身今至自欧洲，日没东洋日本州。
来往吾行恒西向，坤舆真是一丸球。

游子还无俗虑侵，归程日日独沉吟。
舟中仿佛如仙乡，饱食安眠不问金。

离开英国时已买好了车船票，故在船中没有了再另行缴纳食宿费等劳烦事。

沧溟水碧晓烟收，片片风帆如白鸥。
万里归人先着眼，青山一带是常州。

在船中，除了村田、岩田二君，还有一位法国人，他是一位已有一把年纪的老人，性格非常开朗，他说，并非是由于家乡有什么烦心事，只是想飘飘然然地云游世界。再加上我，我们四个人成为经常一起用餐的餐桌朋友。快要抵达日本时，村田君和岩田君说可以看到富士山了，去甲板上吧。我强忍晕船之苦，跟着他们来到甲板，远远地看见延绵起伏的日本山脉，富士山巍然耸立其中。那延绵起伏的群山大概是常州一带的山脉吧。

报言舟脚近横滨，水色天光次第新。
何事岸头先着手，一行电信寄双亲。

从4月26日乘坐亚儿碧号轮船从旧金山出发到5月8日，我想把这十几天的船中生活以及感怀，以所谓日记体裁，尽收于以下四首诗中。

以下均以“亚儿碧行”为题，为太平洋舟中所作。

大舟呼曰亚儿碧，其长四百四十尺。
来往桑港香港间，载去江湖万里客。
今兹甲申我乘此，正是四月廿六夕。
凄风苦雨暗米山，吴越同舟齐蹙额。
海若怒兮阳侯狂，咄哉何物嗾风伯。
日月无光舟欲倒，舟客嚣然诉窘迫。
三日之后心始安，五更坐待东方白。
须臾晴旭渐出波，长天无云海如席。

如有羽化而登仙，吟步飘飘风岸帻。
却笑当年阿罗汉，渡水不知乘鹏翼。
舵楼时阅西人书，一洗烦襟众累释。
天文地理论得好，区区何必读周易。
放言大笑惊四邻，他人或疑有奇策。
田园将芜归去来，久矣以心为形役。
长日无事又赋诗，十年难医烟霞癖。
富贵从来非我愿，不要姓名垂竹帛。
有时廓然如大悟，欲将寸阴比尺璧。
法运通塞太关心，破窗默坐披梵册。
同学之人今则亡，书中依然存手泽。
死生夭寿有数在，人生百年驹隙过。
虽然思维时尚早，杲杲海日更灾赫。
好呼交友去打球，又见同人试仙弈。
鲸鱼出没海禽飞，谁哉放射贪奇获。
食前饭后频徐行，唯觉身心颇快适。
一旬四望不见山，斜阳没处天色赤。
斗牛出水太白高，风拂浮云明月魄。
万顷金波如碎珠，流星一道有陨石。
此际有人鼓洋琴，欢声如涌喧歌拍。
太平洋里乐如斯，游子甘受素餐责。

清夜沉吟未就眠，俯仰不知今胜昔。
旬日我将达横滨，何人欢迎倒著屐。
邮船二日尚当西，父母待我平安陌。
幽明路远肠将断，慈亲去年已易箦。
有方之游已八年，苦学读书卷盈百。
龙城风雪牛津雨，夙夜孜孜伴图籍。
良师好友到处多，时月相逢亦求益。
一朝分手上归途，生前离别不堪惜。
水蘋风絮聚散频，莫使此身罹疾疫。
独倚栏杆探韵书，心绪翻来方绎绎。
警铎声寒已半宵，却忘身在海上泊。

出发不久，便遭遇暴风雨，这对晕船的我真是苦不堪言。我三顿饭都没吃，只能躺在床铺上。不过，天稍微放晴，心情就随之大为改观，烟波浩渺的太平洋可以尽收眼底。朝霞和夕阳的美不分伯仲，但月夜之美也实在是别有洞天。起航已20天，在即将回归日本的欢愉之中，伴有对笠原君和慈父的追忆，时常搅动春眠。

再叠亚儿碧行之韵　寄怀老友小栗栖香顶师

太平洋水更澄碧，不知其底几千尺。
堪比故人相忆情，况复天涯沦落客。

屈指八年未相见，曾记东京分手夕。
君之上海我西洋，渡水之人有定额。
嗟君何啻法中将，风流亦是文章伯。
北京往日赋长诗，我每吟此忘穷迫。
蔼然一片度人心，清洁匹如珠玉白。
天台五台去寻古，到处高僧齐分席。
上海连朝人听法，长城万里云侵帻。
譬之孤鹤出故林，长鸣时去排空翮。
好揭法灯照昏暗，经书在手辨孔释。
堂堂禹域四百州，法雷震处人辟易。
易行大道适时机，曾对宗主献奇策。
法中兄弟相提携，火船旬日远干役。
文字固宜赞佛乘，清人从来有书癖。
何怪倾盖友偏多，拜为和尚赠东帛。
信是长生不死方，胜他赵氏连城璧。
教堂轮囷不日成，真宗教旨载书册。
随方毗尼有开遮，教主之情宜润泽。
青红黄衣中国僧，元是同胞何开隙。
蚌鹬之争利渔夫，翕然宜使佛日赫。
世尊得时说一乘，仲尼有为劝博弈。
学田苟不怠耕耘，稔熟果然多采获。

我在英京获君书，如相面晤情畅适。
孜孜才写古梵文，事业难成吾面赤。
何况闻君病还乡，雁语萧然惊旅魄。
辞世百偈读君传，唯望勉强用药石。
勿令二竖入膏肓，调和当使如歌拍。
归程我今过半途，舟中自任汗简箦。
无边风月感无穷，又赋诗篇叙平昔。
旬余我若达西京，夕阳要著寻山屐。
不知君能来相会，携手徘徊东西陌。
我将语君多少事，君不见我勿易箦。
吾人今日定命短，若无夭折年盈百。
我将终身事涉猎，一双行李满书籍。
祖门之教先辈存，函文他日将求益。
昨过一百八十度，忽失一日真堪惜。
双脚蹈来全世界，多岁幸免罹疾疫。
今宵灯下写新诗，又觉中心方络绎。
旁人问我君名何，南丰香顶号莲舶。

9日，有了赋长诗的灵感，运笔奇妙自如。如前所说，明治初年，小栗栖法师在中国上海建立了别院，他独具慧眼，开创海外弘法先河，特别擅长汉学，诗文造诣深厚，实乃出类拔萃。我们以前就是密友，所以决定立即把当日所作的诗寄送给他。

与小栗栖法师在东京挥别以来，已经8年。我在西洋勤修学业，师在中国弘传大法，虽说地分东西，事为二异，但在绍隆祖门之教法这点上完全一致。唯有弘扬大法才是我们的共同使命，我能够深深地体察小栗栖法师的宏图大志。我在灯下提笔写下一首新诗，当此之时，乃1884年5月10日夜。

三叠亚儿碧行之韵　忆亡友笠原子

渺茫云水伤心碧，好直寻常不枉尺。
吾友笠子事斯语，十年真是同心客。
明治壬申始相逢，结交西京风月夕。
祖山当日属更始，从事僧侣有定额。
吾与笠子入翰林，执笔同学文章伯。
袈裟变白末法风，冥加幸免饥寒迫。
八万龙象属真宗，吾人固是辽豕白。
唯将一片为法心，多年枉塞麟文席。
丙子六月正时哉，忽脱袈裟被洋帻。
去从南溟到西欧，船破海烟如鹏翔。
欧洲到处教风异，我辈教祖姓为释。
安心立命乐我道，因果之理无变易。
断章取义大师眼，三经之要二三策。

后学构文却牵强，终身徒劳笔砚役。
书生从古好大言，为许人人各有癖。
若将译文较原文，或如布石比玉帛。
不若作书诱童蒙，梵汉和文称合璧。
笠子与我同此志，龙城牛津读梵册。
柏林巴黎曾同游，历观先王存遗泽。
四海兄弟辄阋墙，尤惊二国常伺隙。
东洋学士会柏林，相吾益信声名赫。
语言文学有所长，匹如弈秋尤善弈。
巴黎四旬写古书，此行最是多所获。
夙起夜寐非虚辞，学弥苦处情弥适。
唯憾笠子遂罹病，未经一年咯血赤。
其间尚写大部书，医劝归东惊病魂。
区区之业有所期，山岳本是一卷石。
和合成事或容易，要学伶人慎节拍。
苟使此心相贯通，离居何忧离心责。
笠子雅言尚在耳，一别二年如畴昔。
龙城分手壬午秋，狮岛尚着寻山屐。
四月热海浴温泉，梅雨卧病东京陌。
癸未七月疾大渐，维十六日遂易箦。
其第三日行荼毗，来会葬者数以百。

吁三十年如一梦，空残满筐古图籍。
生前行状[①]我能知，堪钦笠子谦受益。
三月之后我得讣，生离死别尤追惜。
恨使笠子忙归乡，久矣欧西无流疫。
归程独坐忆故人，往事漠然难寻绎。
甲申五月我在斯，即是太平洋里舶。

无论何时想起，都令我感觉甚为痛惜不堪的是笠原君之死。尤其是对于像我这样完成学业回归故里的人来说，还有比这更令人痛彻心扉的吗？当年，石川师认为若派我们俩去估计不会吵起来，由是，笠原君和我远赴英国。然而，君去世已经一年，真是英年早逝啊！他30年的梦想乃至遗留下来的所有物件，都会勾起我的泪水。夜晚愈寂静，我对故人的思念就愈清晰。笠原君是德才兼备的人才，他若长寿的话，定能成就大业。然而，于我不得不痛惜故人的离世。我给村田君和岩田君看这些诗，不觉陷入诗中所讲述的故事里了。

四叠亚儿碧行之韵　寄怀友人在英国
黛眉春水空寒碧，离情何啻深千尺。

① 指行为。

回首四旬容易过，忆否太平洋里客。
客舍并州不忘怀，三月龙城分手夕。
况复故人常益我，我每望君手加额。
青萍桐南固好文，蓝田亦是风流伯。
鞠躬执事大越子，优游能辨简书迫。
前田公子性温厚，史学真是虚生白。
官事商务有其人，文书记簿推筵席。
学生时月会以文，握手殷勤皆脱帻。
讨论悠然入佳境，恰似仙鹤舒轻翮。
奇书玩索味无穷，疑团辨来尽冰释。
一人未能学百事，有无相通是交易。
水边观月去乘船，郊外寻花时散策。
沉吟终夜或忘眠，我诗必未值放役。
刻意穷经真佛子，吾友仁山评我癖。
陈氏松生亦吟侣，其诗富丽如金帛。
左氏俊秀凰氏通，曾侯二氏真联璧。
笔谈英语笑解颜，厚情寄赠有书册。
五千里外在他乡，蔼然友谊多恩泽。
离居学古牛津里，读书常觉少间隙。
麦氏真吾老师友，著书百卷名声赫。
四十余年攻梵文，堪比弈秋尤善弈。

理氏矍铄老博士，学文禹域期博获。
三十余年读儒书，翻译之书尤顺适。
多见雅士我眼青，常讲真理吾心赤。
乡里消息邮信传，不用天涯伤旅魄。
一朝思亲将返乡，岂能可转心扉石。
可怜交友送我情，离歌一曲闻弹拍。
回顾吾侬过失多，切偲谢君善恒责。
青年虽未全蹉跎，不知前途酬宿昔。
却后五日达皇州，复被袈裟着僧屐。
话诗论文会同人，说法讲道过阡陌。
参政大臣将相见，不愿赠遗有华箦。
才拙意长堪自嘲，终身欲试事千百。
唯期诸友能养生，名姓齐载长生籍。
雁鱼他日屡寄书，要得酬报多裨益。
诸友所学各异科，掌中之珠勿秘惜。
英京风气不可人，愿慎饮食避疾疫。
旬余不见新闻志，唯有旧交可温绎。
诗成无由付置邮，茫茫海上飞归舶。

青萍、桐南、蓝田分别是末松谦澄、菅了法、金尾愣严之雅号。

仁山杨文会氏是清朝政府驻英国公使馆的官员，他回国后不久便在南京开设了金陵刻经处，出版了很多佛教典籍。此人是华严学者，尤其爱好《大乘起信论》，他曾经向我询问过该部论著有无梵文本，听我说“还没见过”时，他显出非常失落的表情。陈氏是陈远济，也是公使曾侯纪泽的妹夫，清朝公使参赞官凰仪、左秉隆两位也是公使馆的工作人员。

5月18日，轮船抵达横滨。一上陆，便分别给大本山和双亲发去了报平安的电报。当晚临时投宿在一家简易旅店，然而却被青木贞三君造访。次日晨，梅原让君从京都来接我，他说外务卿井上馨说一定要见我，让我立即去拜访。我便同他前往官邸拜见了井上外务卿。然而当时井上卿问我的问题非常有意思：

“在日本佛教界，处理越前永平寺和能登总持寺之间的瓜葛是一件非常棘手的问题，毕竟那是佛教者之间的争论，对世间而言也是非常不体面的，甚为难办，不过，我提出一年轮换一次管长制度，解决了此事。现在常常听闻东西本愿寺也出现了这样那样的论争，我想采用永平寺和总持寺的做法，用管长轮流制来解决，你认为如何？”

对此我缕析了东西本愿寺各种关系，详细说明了不能执行此方法的原因。但是，井上卿似乎认为这仅仅是晚辈的看法，并没怎么在意。其后过了不久，我与梅原君在外务省遇到过井上卿。当时，井上卿主动跟我打招呼，说道：“就两个本愿寺的问题，征求过你的意见，不过那时对你所言尚存疑虑，后来特意前往京都去了解实情，原来和你说的完全一致。”

两本愿寺之事暂且不表，井上卿继续开口问我道：“你现在结束了多年的海外留学回国了，今后到大本山，有没有做些什么新的计划呢？”我不是那种做什么事喜欢从开始就计划好的人。我最不擅长的一点就是玩弄权术、拉帮结派，既非原本觊觎宗权之人，也非垂涎宗权之人。我认为趁此机会有必要充分阐明我的立场，所以，我明确说明了自己的志向和未来的打算：我将继续研究有幸学修至今的梵文学，让它在日本学术界兴盛起来，以此弘扬大法。但奇怪的是，井上卿却对梅原君说：“既然他本人已经这样说了，我也没有必要再详细问了。”随后转入其他话题，稍后我们便离开了官邸。不过，现在回想一下的话，可能是大本山认为我回国怀抱着什么野心，幸亏井上卿当时很关照本愿寺，认为似乎有必要在我返回故乡的第一天就大加劝诫为好，如此考虑并不奇怪。

当时岛地默雷氏在麹町中六番地开设白莲会堂，组织令知会，目的是广为宣传佛教思想，因此我决定前去拜访。默雷氏好像不大明白日期要在太平洋航线中东经180° 的子午线上发生变更，他再三追问：“确实是要减一天吗？”接下来，我前往向岛拜访了铃木慧淳氏，停留数日后，从横滨返航到神户，是月24日，我乘坐京神区间火车，终于回到了京都。

老友桑门志道君和金松空贤君，专程到神户来接我，我们在车上谈兴甚浓。列车驶入七条停车场时，他们说：“马上可以见到老南师啦！”只见养父站在那里，甚为罕见地亲自来接我。事实上，养父除了特殊情况，一般是不会凑热闹的。

养父极为欢喜地迎接我归来，他说：“我亲眼见到你很健康，遂立即派人给你家人报平安。你最好马上去参拜本愿寺，在宗祖前礼佛，并拜谢两位法主。你的袈裟和衣服都已送到大本山了。”可是我身上还穿着西服，随口问道：“袈裟套在西服上可以吗？”养父好像也没在意这件事，说：“我回去后立即叫人送和服过来。”拜谢两位法主时，光莹新法主见到我更是欢喜异常，我亦至诚激动，随即便拜辞了。回到西六条的家，进门便喊“我回来了”，养母说：“你说的话我能听懂。”她似乎是担心我在西洋留学中忘了日本话，语气中夹杂着惊讶和愉悦。

这样，我在西六条家中住了差不多两个月。时光匆匆，转眼到了7月16日笠原君去世一周年的忌日。我们把城瑞别院的宝香院连枝（居住在枳殻邸的北马场屋敷）迎请到我西六条的家中，举行了纪念法会。从8月1日开始的一周时间，我应大阪别院讲习会的邀请，以“印度古今之沿革”及“印度欧洲哲学诸派略史”为题，进行了概论性的试讲。接着，在有马温泉稍作休养，便从京都回到越前，去千福村（离我寺院二三里）造访了田中氏，我们回忆起明治四年我借住他家时在行超寺讲经史等往事，共叙阔别十余年之离情。我记得田中家过去一直是庄头，现在有一位是东本愿寺的财务顾问。

大谷教校任教时期

这年（1884）10月，我奉大本山之命赴东京大谷教校任教。当时浅草别院的轮职是佐佐木佑宽君，大谷教校的校长是吉谷觉寿法师。通过佐佐木君介绍，我住进了别院附近宗恩寺的一间房子里，由此开启了我从事教育弟子的生涯。对于京都的高仓学寮而言，当时的大谷教校是大谷派在东京的唯一一所新教学机构，学校的风气，尽管是出家僧侣也是相当活跃。这年12月，佐野正道君从大阪来东京，委托我将《十二宗纲要》译成英文。

我也对此甚感兴趣，所以一气呵成翻译完毕。明治十八年（1885）2月，我被委任为东京帝国大学梵语学讲师，开始去那里讲课。当时，梵语学还是一门甚为新奇的学问。或许是好奇心驱使，竟然有二三十名学生来上课。在一门特殊学科中有这么多人来听课，也是比较罕见的。现在，我已记不清他们的名字了，不过好像有几个医学专业的学生，他们都非常优秀。不久，我从宗恩寺搬到浅草永住町的新光明寺，寓居在靠近大殿的一间小房子里。从这向南不远就是小岛町，去大谷教校非常方便。正好在那年3月，东本愿寺严如上人从东海道途经东京去北陆地区巡视，教校派我到神奈川恭迎上人一行。我那时是第一次拜见大谷光演师句佛上人，上人当时尚年幼，只有10岁。我至今还清晰地记得他说“初次见面”时的情景。借此机会，大谷教校在浅草别院举行了普通高等科开学仪式，因有严如上人亲自致辞，仪式可谓盛况空前。

校长吉谷觉寿法师和小栗栖香顶法师教授宗乘余乘，藤井最证君教授数学，我承担梵语和英语教学。吉谷后来成为帝国大学的佛学讲师，威望很高。这位藤井最证君，是现任大谷妇女说教会主管藤井信悟君的伯父，腿脚好像有点儿残疾，但他很早以前就对数学感兴趣，在当时也是一位非常难得的学者。藤井君借住在唯念寺，这座寺是现任帝国大学教授加藤玄智博士自己的僧房。当时的学生，有月见觉了、子安善义、村手圆诚（现在的清川）、池田研习、云英龙护等人。学校当局对待学生问题，即使到现在也没有发生丝毫变化。尤其是月见等人，一贯英姿焕发很有朝气，主要是在有关整肃仪容风纪方面和校方闹了一些矛盾，进一步说即所谓学生留长发有违僧侣本分这个问题。保守主义者吉谷校长对此是坚决反对的。

一天，吉谷校长对我们这些教职人员说：“今天准备针对学生留长发一事进行训话，希望大家都尽量配合。”可是，当时我自己也留着长发，不由得打了个寒战。接着，吉谷校长对我们讲了僧侣剃度的真正意义，认为有必要对留长发问题加以训诫，而且最后还以我为例证，说道：“如果各位也想留长发的话，就也像南条君那样长期留洋，精通梵语和英语，这样倒是可以。”他那颇为沉稳和缓的口气，与其说是责备学生，倒不如说是在棒喝我。我原本以为仅是老师列席会议，却被拿来作为反面教材了。

笠原君的三周年祭典在大谷教校举行，作为纪念，我草就并出版了《僧墨遗稿》，将此配发给参会者。前面记载的缪勒先生的追悼文和笠原君给我的最后书简等，都一一收入其中。当天，会场陈列着故人的遗物，以表达追悼之情，这些浸透着他心血的笔记呈现在眼前时，我不由得再一次沉浸在悲痛的回忆之中。

这年7月，86岁高龄的恩师、香山院讲师圆寂。其后，我作了追悼诗传。

五叠亚儿碧行之韵　悼香山老讲师

乙酉7月12日师殁于西京御幸街圆光寺，越五旬余，为师张法筵于东京浅草本愿寺书院，时小栗栖香顶为众讲师略传，余乃敷演以韵语，加以余所亲见闻，时明治十八年9月6日。

比睿峰高鸭水碧，西京有僧长八尺。
本是东奥会津人，压倒缁门江湖客。
为儿嬉戏弄图书，笔代竹马度朝夕。
四书五经通音义，殆忘寝食日额额。
当时儒风皆忘本，放言徒慕昌黎伯。
此辈呼师称神童，却闻真理免情迫。
成童以后去负笈，越山深雪照颜白。
受业香树讲师门，写瓶他年能继席。
闻一知十何让回，苦学固忘雪侵帻。
八万四千判法门，大龙兼具摩天翮。
讲师德龙分一字，龙温之名不烦释。
吁乎为法不为身，却觉病魔亦辟易。
履霜早知坚冰至，曾作辟邪护法策。
大声疾呼事警醒，东西南北频干役。
诗酒书画时游心，人慕潇洒烟霞癖。
雅致真似白香山，不关人间论玉帛。
萤窗雪案亦忘老，爱惜寸阴逾尺璧。
眼光炯炯贯纸里，读破大藏五千册。
循循诱人不知倦，讲习之道如丽泽。
爬罗剔抉无所遗，明辨岂有可乘隙。
贯练堂上狮子座，大名独共朝曦赫。

我方弱冠侍讲帷，一夏如观柯山弈。
时维明治第一年，王师东北捷新获。
嬴颠刘蹶也伤神，不如安心乐国适。
丈人厌闻此般事，况复兵火烧城赤。
顺逆毕竟有数在，远望乡天却惊魂。
楚歌一声时彻耳，法城将当投卵石。
知彼知己今日要，好驱驽钝试鞭拍。
护法学场教规严，学侣或免素餐责。
世事滔滔变无穷，慷慨时亦话宿昔。
如见去年尚矍铄，东山携孙著吟屐。
又挥健笔题寿碑，圆光寺在平安陌。
电信一朝寄讣音，八十六龄匆易箦。
东京今日张法筵，来集同人数千百。
久矣祖山统学事，职列教正上朝籍。
能与人交数十年，四方云衲来求益。
生前功绩世皆知，此际何人不追惜。
珍重师达为生法，终身不复罹厉疫。
长生不死之神法，绝笔七字试讲绎。
亲炙我曾知德客，细事我闻诸莲舶。

当时教校学生颇有雄心，尤其是开设普通高等科以来，相对于京都的所谓“学寮氛围”，在东京出现了新兴学风，所以在各方面大家似乎都显得很紧张。那时我使用的教科书是《梵语小文典》。如今，教校时代的学生，像月见君已去世了，子安君、云英君亦已作古。

当时，水溪智应君寄居在芝公园内的一座寺院里，负责编辑发行月刊《教学论集》。他好像经常去增上寺听福田行诫上人讲课。一天，水溪君造访我，对我说：“由于行诫上人说想见见您，所以才特来奉告。”我也是早就很仰慕行诫上人之厚德，有幸得此机会，所以立刻前往增上寺，在寺门递上名片请求会见，不久便被引领到了一个房间。等了一会儿，上人从邻室出来，高兴地欢迎我，一边说着“欢迎你来”，一边把双手放在我的膝盖上，并让我用手摩顶，之后上人马上又退出房间。我正在丈二和尚摸不着头脑时，上人再次进来，走到我面前，拿着一张窄长的纸片，以一副非常愉悦的神情说道：“这个赠送给您！”我接过来，打开一看，只见上面写着：

接足　参访佛迹足尊贵

作礼　我今至诚礼顶戴

行诫　八十一

因为我曾经赴英国留学，所以上人肯定是认为我也曾去印度参访过佛的遗迹了。

上人说："过去笠置寺的解脱上人[①]因不能达成远渡天竺之志向，遂前往泉州堺海滨，把自己的双脚浸泡在海水中，冥想此水从天竺方向流过来，权且以去过天竺之想来安慰自己。"讲到把思慕寄托于海水的故事，这是出于真诚地尊敬我。但是对于因故未能参拜佛址的我而言，已完全没有勇气否定上人对我的理解。此时，唯有默默地首肯这一切。

这时，上人取出一张纸片和两三块石板，纸片上写着15个关于印度佛址的问题，他叮嘱我道："请您简单回答这些问题，我的耳朵一点儿也听不见了。"于是我说："请您宽限我两三天，我写好答案后给您邮寄过去。"上人哈哈大笑道："也好，我写了些不着边际的问题，难为你啦！"老师的音容笑貌至今尚历历在目。翌日，上人来我所住的寓所。这是每年新春的惯例，参拜完浅草的观音堂后途经这里。上人总是神情愉悦，念诵十声"南无阿弥陀佛"名号，然后笑言："把居室借给一个特别的人，会经常听闻新奇的故事吧？"算是打招呼。接下来，上人对和尚的劝告也很有意思，他说："刚才我在门前下车时，往门上一看，发现你这儿挂着我写的一块匾，字那么难看。别人看见会笑话的，最好是摘下来。"

① 原名藤原贞庆（1155–1213），镰仓时代前期出生于京都的法相宗高僧。敕谥号解脱上人，亦称笠置上人。

关于上人，我还想起来一个故事，不过，我忘记具体是什么时候了，大概应该是上人离开芝（地名），在深川本愿寺隐居的时候吧。那时在目白的僧园，释云照律师依然过着严持戒律的生活。一天，上人给我寄来一封信函，说是要招待云照律师用午斋，希望我也来作陪。但是不凑巧，我之前已约好那天下午要去虎门外的工部大学听某氏讲演。所以，我需要用完斋马上离开。这位施主上人坐在主宾律师的正对面，我坐在主宾律师旁边。可是，云照律师在用斋前非常庄重地反复吟诵光明真言，没有一点动筷子用斋之意。可是我因为午斋后有事，所以心无法静下来。行诫上人看透了我的心思，他颇为坦诚地说："听说您今天很忙，不必客气，请您先开始吧。"一边是持戒坚固的云照律师，一边是念佛无碍的行诫上人，我确实感恩他这样说，同时，对比这两位奇妙的高僧，给我一种无上愉快的印象。经常侍奉上人的大内青峦居士，很熟悉上人的一些趣事。

以前云照律师在其机关杂志《十全宝窟》上论述过念佛与光明真言的优劣，认为念佛简单陋劣。净土宗的某信徒对此观点甚感吃惊，遂前去拜谒上人并请教。上人如是回答："过去元祖时代，在栂尾那个地方有一位大德，人称明慧上人，他读《选择念佛集》，但不解念佛最胜之妙意，由是著《摧邪论》和《庄严记》来破斥《选择念佛集》。就连明慧上人都不懂得念佛的功德，云照他怎么能明白呢？"上人于明治二十一年4月25日在京都智恩院病逝。上人往生前一天，把弟子循秀叫过来，对他说："明日盖是上人之命日，大概明日要往生了，往生时不是需要挂个挂轴吗？"当时，上人的卧室里可能是挂着什么挂轴吧。在此，上人的意思是说，作为一宗之规，临命终时应挂上临终来迎佛的画轴。然而，这位弟子完全弄错了，结果挂上了阎魔王的画像。一见此像，患病的上人勉强抬起沉重的头说："哎呀！阎魔殿下也来了，迎接的是哪一位呀？"说完，写了一封罕见的给阎魔王的介绍信：

阎魔王府

西方极乐世界

二十五菩萨御厅

谨此检查老病临终趣向之际，断定南阎浮提大日本国行诫为与本愿相应之人，并已做好恭候在合适时临终接引佛来迎之准备。在此，祈请您转奏为盼！

南阎浮提大日本国行诫　八十三

无论何时想起，行诫上人对我来说都是一位圆熟有德的高僧，他似乎已经达到远离俗尘又回入尘世的境界，有时又感觉他像是一位具禅家风格的大德。在他给阎魔王的介绍信中，从其"本愿相应""在合适时"等词句中，可以看出与亲鸾圣人所教诲的"本愿一实”[①]“临终不来迎之意趣”等相吻合，上人临欲命终时的伟大实乃令人缅怀。结束回忆上人之前，亦将上人曾问我的那15个问题记述于此（其中之一遗漏）。

1. 有无往来天竺道路的记载？

2. 现今哪些国家流传过去的梵文？

3. 一千年前的梵语和今日之梵语有何区别？

4. 有无印度古名和普通名对照的书？

5. 法显三藏法师曾去过耆阇崛山，因有猛兽未能登山，此山是一座高山，又有祇园精舍，您是否参拜过？

6. 据说现今的佛法多属小乘教，有此说吗？有没有大乘寺院？

7. 暹罗人常说有佛足石，据说可以踩着佛足石行走，您看见了否？

8. 据说英国流传的佛教是直译四谛十二因缘六度以及戒定慧三无漏学？

9. 六释八转等与慈恩所说的是否相违？古今之语有何不同？玄奘在天竺留学18年之说是否正确？慈恩没有去过天竺，故是否有误传？

10. 您是否经常能见到梵土的出家僧？如何做法事？

---

① 术语。谓他力念佛之法门也。释尊一代之诸教，八万四千之法门，要皆为归入于弥陀本愿之支径小路，惟本愿他力之一乘为真实之大道，即得真实到着大涅槃之道也。——丁福保《佛学大辞典》。

11. 印度共有多少国家？能通行的地方都有哪儿？旅行有无其他收获？

12. 僧人的制服有几种？与日本所传来的僧服有何异同？

13. 当地人其秉性是笃实还是狡猾？有没有佛教徒？

14. 现在还有过去佛经中说的那些粗野外道吗？

这年10月19日，明治天皇首次巡幸东京帝国大学，在便殿接受了教职人员的拜谒。因此，我也排在讲师后列，得以咫尺拜奉龙颜。这天正好是慈父病逝第四年的祥月命日，对我而言更加由衷感激君恩之广泽。以下绝句是当时老友小栗栖香顶法师赠予我的。

谁哉欲筑教中山，甘处非僧非吏间。
知否我家新快事，文雄洋服拜天皇。

在大谷教校，每月都要召开融研究和演说于一体的佛教讲谈会。讲师有吉谷觉寿、小栗栖香顶两位法师，以及我和土岐善静、平松理英、中山理贤、佐治实然等诸君。

尤其是土岐君，是一位全才，他能歌能咏又通俳句，书法精湛，辩才无碍，且以孝养著称。我时常被土岐君的多才感动得不得了。我与平松君也有过长期密切交往，他特别勤奋。平松君的祖父号南园，出生于大垣附近，年轻时就去了江户，进入宽永寺精进修学，听说后来好像又皈依了真宗，进了品川正德寺。该寺庭院中有一个小庵，名为小自在庵，想来也很有意思。中山理贤君即是平松君的亲弟弟。佐治君虽出身大谷派，但极为稀奇的是他又属基督教的一个论派，这恐怕事出有因吧。诸君都有各自独特的个性，分别从各自不同的立场来展开讨论，这些讲演、讨论对我而言真是愉快至极。这样，大谷派在东京的门户革新论调高昂。是年，即明治十九年，越中城瑞别院宝香院连枝与堂众铃木信雄君突然来东京，最初寓居浅草北清岛町长泉寺，后来移居到我所在的新光寺，我借住在连枝邻室的一间小房，开始与连枝朝夕共处。

参访印度佛遗址

我和笠原君在牛津大学读书时就曾立下坚固盟约，回国时一定顺道前往印度参拜佛遗址。可是，笠原君因不幸罹患疾病先期回国；明治十七年（1884）我经由美国回国，如此一来，也就失去了完成此夙愿的机会。时光飞逝，转眼到了回国后的第四年新春，即明治二十年的1月，我因去冬以来的寒气导致疝痛病发，过年时亦未痊愈。元旦那天也只好谢绝访客终日养病。

当时写了一首诗：

清香一炷礼金仙，我有宿痾尚未痊。
把笔先题七言句，东京三度遇新年。

翌日，我便离开东京去热海的温泉避寒，住在露木旅馆。第五天，偶然遇到了先来此地的町田久成君和前来拜访他的樱井敬德律师。

风雪加重了寒气，尽管热海的温泉疗养亦是在隆冬季节无暖气的时候，但治愈了我的疝痛。因身体得以康复，所以，我于第八天离开热海。在回京途中看到西行法师遗迹，欣赏了鸥立泽古迹。时值严冬季节，一望无际的积雪，其肃穆寂寥的景致尤比晚秋更胜一筹，置身其中，不禁使人对“无心之身”产生无尽的哀悯。回到东京，友人们寄来的贺年片已有30多封，我信笔作答写贺词，切实感受着与寒夜之境融为一体的徒然。

这年1月9日收到云照律师寄来的一封万分火急的信函。云：青木贞三君明日将从东京启程，途经锡兰，前往欧美，收到信后请速速去拜访他。10日上午，我去拜访青木君，我们交谈了半个时辰，其间我偶尔提到了之前自己曾有去天竺的夙愿。青木君大壮此志，他恳切地劝我与之同行，为此决定借给我1 000日元。对我来说，这真是难得的好机会，现在实现夙愿的机会终于来了。故此，我毅然与青木君约定，翌日晨赴横滨，会合后一起上船。回去后我便立刻着手准备。先去旧家具店购置了行李箱，把手头的书籍及日用品全部塞进去，寄存到浅草本愿寺的藏经楼。平日里无论多么豪气地说生活可以简单到归于一个行李箱，然而挑选起来并非易事。待收拾好之后，似乎感觉很是无情，又好像很滑稽。

我告别小栗栖香顶君及大内青峦居士等，入夜，又拟好了提交给东京帝国大学和本山寺事务所的辞职书。11日，从早上就下起霏霏飞雪。宝香院大谷胜道连枝来送我，并一直陪我到横滨。为表谢意特赋诗一首：

热海浴温泉，归来决渡天。
横滨与君别，雨雪更萧然。

这一天，把1 000日元兑换成英镑，得到160英镑12先令6便士。

12日，雪霁日出，是冬季里难得的大晴天。上午8点，我所搭乘的斯泰琴（Sutettin）号邮轮从横滨起锚。同船的国人有陆军上将乃木希典、一等导演野田、陆军大尉楠濑、德国学士生田等人在一等舱。公爵二条基弘、青木贞三、铃木良吉、高山圭三、多纳、多湖实敏、玉野一熊，以及我和妻子等都在二等舱。二条公是去英国留学，青木、铃木、高山三位目的是游览欧美，其他几位应该都是前往德国的。我决定每天赋诗一首，以此代替记事文。原本也没有时间去推敲文辞是否妥当，只是陈述当时的见闻及所感而已。

五天今日尚如邻，一去将探希代珍。
丁亥新正旬有二，船凌风浪发横滨。

翌日下午三时轮船驶入神户港，我与渥美契缘、平野履信二人会面，告诉他们去天竺（印度）之事。回京都省亲时，向双亲详细陈述了这件事的原委，养父也特别满意。轮船入神户港后即有一诗：

夜来南海卷狂涛，巨舰飘扬风怒号。
神户港前浪始稳，摩耶山上夕阳高。

我在家里住了一晚，第二天早上便去拜访住在新町的赤松连成君。当时，赤松君正好在早课的念诵中，听说我一大早就到了，他就手里拿着引磬，站在门口和我说话。

我告诉他“现在出发去印度一趟”，因为太过突然，赤松君也非常吃惊，但他说这是很好的机会，并对我的做法给予了很大鼓励。

在本山拜谒了两位法主，大法主严如上人送给我一个装卷烟用的烟袋，新法主现如上人送给我一个带金锁的新款时辰仪。

接着，我又与白尾、金松、菊池、沼等友人告别，然后回到抛锚在神户的斯泰琴号上，老友梅原君一直送我到码头。是日下午6时，船从神户起航。

铁路前宵到旧京，霜风寒月别离情。
辞去家庭寻师友，归上巨舟冲雨行。
海上云山远空耸，宛然身在画图中。
马关西去趣方异，逆浪冲天万里风。

16日中午，船到达长崎市。我和青木君一起上岸造访了出版《镇西日报》的以文公司。社长佐佐木等人盛情款待了我们，并且送我们到船上，真是意想不到的事情。

船臻琼浦心胸豁，水色山容入眼浓。
岸上相携寻雅客，登临半日尚留踪。

离开长崎不久，海上就开始出现暴风，狂涛怒号奔涌而至。

巨舰无端离帝邦，狂涛时亦打玻窗。
独英和汉满舟客，各地方言易乱嚷。
老狐集腋豹留皮，大丈夫儿当有为。
至竟此心如画水，唯看舟角逐波移。
行舟昨夜过台湾，坐客朝来笑解颜。
日午舵楼时决眦，模糊遥见福州山。

船一抵达香港，我便上岸前往日本领事馆会晤领事南贞三君和秘书齐藤君。然后，寄住在香港饭店，停留4天。当时，从横滨到香港的二等舱票价是30日元。根据英国彼阿公司邮船海程表显示，横滨、神户距离346英里，神户、长崎之间是389英里，长崎到香港是1 067英里，也就是说，横滨到香港为1 802英里。

昨暮灯光认厦门，最知舟脚蹴波奔。
十年再度游香港，山水市井依旧存。
看来香港故山违，楼阁几层依翠微。
园树亭亭绿如夏，行人亦欲脱冬衣。

明治九年在此地停靠，至今已过去10年了，这座东方最大的港口城市依旧繁华至极。当年是6月上岸的，只见人们都乘着称为轿子的竹舆来来往往，此时，则是很多人力车疾走如飞。这种人力车也叫作东洋车，这是以中国以西是西洋，以东则为东洋来区分，所以，所谓东洋就是指日本。由此让我想起，听说香港在葡萄牙语里是海盗的意思。

两两相呼舁竹舆，高低一路鱼贯多。
街头辘辘耳曾熟，此是东洋人力车。

23日是周日，西洋人都闭门不出。对中国人来说，正值清光绪十二年腊月三十日，大街上弥漫着年终气氛，行人拥挤不堪。家家都贴了红纸对联，店铺里安放上关帝像，点灯烧香，真是一道奇特的风景。

一港之中正朔殊，阴阳二历街衢别。

西人闭户太阳日，汉客送年呼终夜。

24日中午，我乘坐印度老以德公司的乃卡鲁号轮船离开了香港。从香港到科伦坡头等舱的票价是墨西哥银一百元。

爆竹喧时晓梦迷，海风吹雨有余凄。
巨舟待我日正午，汽笛一声还向西。

这是一个阴雨霏霏、气温偏高的不爽之夜。

万里长风不放晴，舟房夜热睡难成。
家乡正是大寒节，父母炉边忆远征。
昨来蒸暑漫相催，暮夜电光闪几回。
热带终年知是夏，舵楼真似纳凉台。

傍晚时分，轮船驶离香港1 267英里处，遥见一座岛屿，即普鲁拉奥岛。在此偶得一诗。

新加坡远未遄臻，舟客无聊笑话频。
斜照忽看孤岛出，按图仔细始知津。

29日，抵达新加坡。我雇了辆马车，疾速行驶在植物园大道上。路上买了芭蕉和杧果。杧果就是所说的阿马拉果，味道非常鲜美。继续游览市街，径直进入日本街一看，这里竟然是青楼巷。大概是到殖民地挣钱的卖淫妇吧。每一店口都站着年轻女子热情地迎客。

驱马寻来植物园，蝉声满耳绿荫繁。
去回阡陌观风物，无限风物难作言。

1月30日是天皇和皇后到泉山拜祭先帝孝明天皇的日子。

警钟惊梦出舟房，新加坡南水渺茫。
遥想泉山今日事，天皇斋式祭先皇。

海上旅游亦有超过陆地的情趣。虽说天空大洋似乎很是单调，但在陆地的旅游却难以看到真实广袤的苍穹。并非只有赖氏一人看到大鱼在波浪间跳跃。据多湖君说，有一条飞鱼竟然一跳而跃入了船室。船上的乘客都认为是吉祥事而大为庆贺。

印度洋中舟一艘，飘然日夜向他邦。
前途知是多清福，泼刺飞鱼跃入窗。
海日潮风单客衣，烂头时亦望天涯。

灯光正认锡兰岛，万里游人殆似归。

在暮霭笼罩的海洋中隐约可见的，即是锡兰岛。来到天竺的喜悦让我感觉异常紧张。明天我将与船上一行人告别，所以，在二等舱搞了个茶话会，大家东拉西扯地闲聊着。这时，从一等舱过来一位客人，正是乃木少将。

少将问我去印度漫游是否带着护身刀剑，可我原本没做任何准备。我坦率地告诉了将军其中的缘由，于是将军回房拿来一把短剑，要我带上以防万一。实际上，这是因为将军此前曾到过印度比较了解实情。但是，我真心地谢绝了将军的好意，同时，由于自己从没用过这个，所以唯有断然拒绝。

随后，青木君把我谢绝带护身刀剑的真意以歌赋的方式表达了出来，并把善导大师所作的“利剑即是弥陀号，一声称念罪皆除”文句呈给将军，将军也更加体谅了其中之意，除此等等，我对将军尚有数不尽的回忆。

2月4日上午，轮船驶入科伦坡港。我与乃木、川上、野田、楠濑、生田、二条、多纳、多湖、玉野等9人一一作别，便与青木、铃木、高山三人一起上岸，我们决定投宿在大东洋旅馆。香港和新加坡之间的距离是1 437英里，新加坡到庇能[①]是1 659英里。下午，乃卡

① 今马来西亚的槟榔屿。

鲁号从庇能出发驶向德国汉堡。我与乃木君等9人皆作诗赋，相互祈愿安康并道别。

同船结好两旬余，分手狮洲二月初。
唯愿诸君能自爱，天涯到处得安居。

第二天，青木、铃木、高山三人也搭乘萨伽莱号法国邮轮驶向马赛港。把他们送到码头，瞬间我便成为了一介孤客。

一住此身云水俱，五天尚远客身孤。
科伦坡上分手时，唯有椰林暮鸟噪。

在科伦坡仅停留了两天，我便离开此地，于6日乘坐奇伊普鲁号法国邮轮驶往加尔各答。当时二等舱的票价是96卢比。在香港和新加坡通用墨西哥银币和日本贸易用的银币，但在锡兰只通用卢比，所以，我只好把英国货币再兑换成印度货币。离开横滨后，兑换了三次货币。所到之处都要在银行兑换货币，虽说是旅游者也难以忍受如此烦琐。

树青土赤四时齐，凸出防波有石堤。
二日楞伽卸行李，火船还向阁浮提。

锡兰是梵语“僧诃罗”的音译，“僧诃”是狮子之意；“罗”是执的意思。所以，在《西域记》中称之为执狮子国。另外，又称此岛为“楞伽”。《入楞伽经》是指世尊入楞伽山，即执狮子洲的山上所宣说的经。同时，梵语书中出现的“阎浮提”，也仅仅是指雪山以南的印度半岛的名称。现在依从此说。“阎浮”是树名；“提”是洲的意思。上古时代的印度人不管四周是否环海，都把国叫作“洲”。不应将上文诗中所说的阎浮提与须弥四洲说的南洲混为一谈，因为此阎浮提只是须弥四洲之南洲的一部分。

离开科伦坡后的第三天，船停靠在本地治里港。这里是法国的领地，根据《印度旅行指南》上讲，本地治里是“新村”之意，据说英法两国为争夺此地曾经展开过血战。

2月10日，到达马德拉斯。在此停留了10个小时。天刚蒙蒙亮，登上甲板，晨雾浓重，几乎难辨咫尺。不久，朝阳升起，随着雾霭自然散去，岸上顿然出现一座肃穆的基督教堂。此地乃是英属印度三大港之一。其余两处是加尔各答和孟买。尽管被称为五天竺，但上古阿育王、迦腻色迦王时期佛教的兴盛景象已荡然无存，只有尼泊尔和克什米尔还保留着当时的痕迹，尚有些佛教徒。近年来，耶鲁人在马德拉斯成立了神智学会，并在印度各地，包括锡兰开设分会，《佛教问答》的作者奥尔科特担任该会会长。

十字堂高耸海云，堪知西教执如焚。

南天铁塔今何在，龙猛提婆不见坟。

13日拂晓，船已进入恒河支流胡格利河。水底沙多，船行迟缓。午后4时，来到加尔各答停车场。我立即雇了辆马车，穿过威廉城，投宿在位于威斯莱街上的斯宾赛斯旅馆。根据英国皮奥公司邮船海程表，科伦坡到马德拉斯距离610英里，马德拉斯到加尔各答距离770英里。加尔各答是英属印度的首府，总督兼副王理查德天布驻守于此。我在英国牛津大学留学期间，曾经在梵语教授莫尼埃鲁维廉姆斯家中见过此人。加尔各答英国人的房屋颇为壮观，鳞次栉比，犹如身处伦敦之感。但印度人的房屋却异常矮小简陋。

远游之志使吾顽，久想恒河兼雪山。
何料三旬又三日，客身无恙到此间。

翌日，我到博物馆拜访馆长安德鲁松氏，但被告知他已于去年回英国了。明治十七年6月，我在京都会晤此人，当时他带来了一片上古时期的菩提树叶，即佛陀迦耶出土的，现在在大本山收藏着。这天，我在博物馆馆中仔细阅览，看到了各种上古时期的出土文物，尤其是在一个大展室里，摆放着很多从佛陀迦耶、鹿野园、王舍城等圣迹搜集来的世尊及诸天的石像。虽然其中不少文物均有破损，但任何一件都堪称绝好的佛教美术品。另外，还看到了刻有中国僧可蕴所写偈子的古石。我曾在亚洲学会把该文摘录出来，刊登在《令知会杂志》上。

客身无恙到东天，太异唐僧飞锡年。
博物馆中陈古物，迦耶鹿园亦依然。

15日，我拿着郝鲁登泰学士的介绍信，前往亚洲学会的图书馆，校读梵文《无量寿经》。在图书馆，意外邂逅了英国帕鲁杰斯学士，交谈中了解到，他竟然与我住同一家旅馆。明治十四年9月，我和笠原君听从缪勒博士的建议一起到柏林参加东洋学会议，在那里认识了帕鲁杰斯。他精通印度历史，熟悉印度地理。那天是为了临摹誊写馆中所藏阿育王的碑文而来的。

东来本意为斯文，此地曾期有异闻。
翻得梵书心始稳，忘却街上暑如焚。

翌日，在英属印度举行了英国国王，亦即印度女王维多利亚陛下即位50周年的盛大庆典，在威廉城边的练兵场举行了盛大的阅兵式，加尔各答整个城市人声鼎沸，大街小巷尽是飘舞的国旗和涌动的人潮。在这里可以切实感受到当时大英帝国如日中天般的威势。

千兵万里列成行，贯耳炮声祝女皇。
烟火黄昏逞奇巧，都人终日喜如狂。

翌日庆典继续。两天的庆祝花费了数万英镑。据传在这次庆典中，有数百人获得名位且列入贵族之列，获得恩赦的犯人达25万人。

街上喧传车马声，斜阳没后四边明。
千门万户点灯火，现出人间不夜城。

虽然因庆典图书馆闭馆多有不便，但能巧遇庆典倒亦不失为千载难逢的好机会。18日一大早，我便赶往图书馆进行梵文校订，并未发现与在英国时已做的研究有何异同。

离开加尔各答行驶百余英里后终于抵达恒河。河边有汽船往返两岸。在船里享用着晚餐，也就二十来分钟就渡过了此河。然后，再立即乘坐末班火车连夜向北方驶去，东边天空破晓时，蓦然发现火车已奔驰在雪山山脉之上了。眼界每时每刻都在打开，其恢宏旷荡即使说五天竺都尽收眼底亦不为过。这样的风光，与其说美不如说是肃穆。下午3点，到达大吉岭[①]停车场，投宿在伍德兰旅馆。

2月的早晨，湛蓝的天空下耸立着被千年积雪覆盖的最高峰——

① 位于印度北部。

珠穆朗玛峰，它的雄姿有如圣者之遗迹。不过，其凌峰亦是转瞬间即为顽云所埋没。离开大吉岭，在途中的小停车场刚要休息，就看到有英国的新婚旅行者，他们的朋友不停地往他们头上撒米粒。这大概是表庆祝之意吧，虽说如此，这奇妙的风俗也实在是太奇怪了。到达帕特那，搭车继续前行，在迦耶投宿一夜。

攀雪山来渡恒河，一条铁路到迦耶。
恍疑三日得神足，万里过时未觉遐。

2月17日，我们乘坐马车向南行走6.5英里终于到达菩提迦耶。高塔巍然耸入云端，修葺工程亦刚刚完毕。我们首先进入塔内参拜世尊的坐像。塔的右边有一方坛，内植毕波罗树。此外，圣迹一角有一房间，里面有一块巨大的圆石，这恐怕就是传说中的金刚宝座吧。塔的周围是石造的栏楯，上面有古代的精美雕刻。菩提迦耶的寺院都极具庄严之美。但是，这些寺院的管理权却不在佛教徒手中，而是由婆罗门教徒掌管，我记得好像为此还引发过种种争论。

一夜无端宿迦耶，万雅廊前乘马车。
驱到世尊成道处，贯云椰树乱如麻。

鹿野园圣迹并不像菩提迦耶那样修复得完好。巨大的佛塔任由其荒废，不禁使人涌出一种追忆往事之情怀。

久望鹿园天一涯，今朝复渡恒河来。
世尊初转法轮处，怀古踌躇去又回。

贝拿勒斯市有梵语专科学校。校长德古特鲁·希夫那鲁是德国人，之前我在牛津留学时在缪勒先生家中见过他。当时，我曾去拜访过他，跟他谈及想去印度留学的打算，他恳切地劝我打消此念头，说这事没什么意义，因为印度是不健康之地。于是，我听从他的劝告，改变了主意。十几年之后，岛地默雷法师的儿子清水默尔客死印度时，我不由得再次感谢希夫那鲁的好意。

如今，我实现了多年的夙愿，用整整五天时间，参拜迦耶鹿园，缅怀正法时期的古圣先贤，攀越北岭雪山，漫游南洲锡兰。然而，法轮断迹久矣，唯有伽蓝还顽皮地延续着当时痕迹。佛门弟子之悲泣恐怕亦在于此吧！在结束回忆三个月的天竺旅行之际，我想次韵友人宫原木石翁送我的印度歌，重新追忆一下当时的情景。

从印度归，到中国上海读宫原木石翁送予之印度歌次韵寄怀
时明治廿年三月廿九日也

辅车相依日清韩，海上今日有轮船。

五天竺亦不甚远，默雷道龙著鞭先。
龙公曾到成道处，立石刻名表老禅。
雷公归来化东土，入竺沙门号雨田。
予也年龄三十七，何与二老能比肩。
唯喜今年时方至，一月十日月正圆。
是日偶访青木子，立谈忽决渡天缘。
明朝冒雪发东京，求法之心益精专。
风涛虽险何足畏，南洋万里如涉川。
先从横滨走神户，去到西京嗽寒泉。
合掌礼拜大悲佛，威神无极眼青莲。
父母俱存师友在，此身未为世所捐。
琼浦香港飘然去，尚嫌到处虚名缠。
经锡兰洲到印度，雪山本是石一拳。
甲谷他府读梵夹，不觉三尺口垂涎。
一坐不动图书馆，阅了大经喜欲癫。
不知何人知我志，忘本趋末举世然。
危言或恐触忌讳，战战兢兢如临渊。
平生养得蒲柳质，唯期此心百炼坚。
世尊八十不言老，遗弟须勉况少年。
泰西曾学古梵语，写经五年拟虫镌。
今在印度频问讯，学生如林斗芳妍。

虽然千年佛法绝，五天无人通幽玄。
法运通塞何其甚，休怪入楚离呈鄢。
婆罗门徒守古制，不许他人属梵天。
独对同族讲吠陀，音诵文法自称贤。
何况二月暑如毁，飞锡不可复少延。
舟车连日奔不止，坐上雪山笑飞仙。
又渡恒河到迦耶，佛成道处免变迁。
菩提树叶拾在手，古佛堂前陈几筵。
金刚宝座石空古，如待慈氏来充员。
他教之人管此地，久绝世尊衣钵传。
明朝去寻鹿野苑，率堵婆上雾幸研。
四谛法轮久不转，惜不得鱼已忘筌。
又过学校访博士，泛舟恒河破水烟。
苦行外道簇西岸，曝身骄阳祈福全。
五天到处多闻见，归到上海始安眠。
将来满筐新图籍，大东他日须周旋。
木石先生吾拜赐，两个文字曰勉旃。

游历中国

明治二十年（1887）3月5日，轮船从孟买出发南行，驶入锡兰的科伦坡港。

途经贝宁、新加坡、中国香港，到达上海时已是3月27日，在日本亦是春分已过春寒尚未退却的时节。此地阳春三月，风和日丽，完全是一派中国南方的春日景象。由于我和领事川上钦一君是之前的老相识，为此，他在复新园对我盛情招待。

电灯如昼日黄昏，春暖江上车马喧。
心决登台永今夕，故人相会复新园。

我还给老家写了一首诗：

好向家山飞羽翰，一行文字报平安。

沪城三日卸行李，风雨客窗春梦寒。

决定30日开始游历，但4月1日才等到护照，即旅行许可证。

古书千岁藏名山，万里梦魂几度攀。

护照放行今在手，不妨吟脚入云关。

在上海有小栗栖顶香法师等人创立的东本愿寺别院。当时派往别院的常住松林孝纯君、松江贤哲君等都精通汉语。4月2日，由松林孝纯君担任翻译并率领我们一行乘坐小船离开了上海。沿岸到处是盛开的桃花，柳树亦刚刚吐出新绿，感觉宛如行驶在文人描述的画卷之中。

吟脚忽忽回五天，此间将上古峰巅。

半轮春月江城静，圣母庙前夜泊舟。

发上海

日出园林宿雾消，逆风柔橹趁春潮。

桃江柳绿七十里，舟到石江第一桥。

四日舟中

轮船山大渡沧溟，小艇如今江水平。
不似瞬时千里走，唯见岸动识舟行。

一到嘉兴，便见一小湖，称为南湖。概是乾隆皇帝南巡之迹吧。行宫有皇帝亲笔所书刻于石碑上的长诗，其行笔运势值得欣赏。附近甚是寂静，桃花烂漫，在这无限的春光里，唯存兴衰枯荣之憾。我们在一名为烟雨楼的小楼上休憩片刻。

烟雨楼中晴亦奇，南湖春色宜诗吟。
桃花烂漫行宫静，看尽乾隆御笔碑。

在石门看到了一座祭祀孔子的小庙。春日余晖落城角，无心芳草始萌芽。

孔庙萧寺独闲清，徐步街头犬不惊。
归到人空草深处，斜阳影冷石门城。

7日，到达新码头，泊于船中。

春中江上雇扁舟，五日始臻新码头。

薄雾杭城犹不近，篷窗一夜复淹留。

翌日，抵达杭州。在此，我去拜访了同乡村濑蓝水。蓝水是著名文人画家村濑秋水之孙，他继承祖父之业，擅长南画，千里迢迢云游到此，凝结赤诚于画法之研究。据说，从各地来求墨宝者络绎不绝。蓝水非常高兴我的来访，说着说着他也要和我们一同游览。当日，我们便离开他的寓所，渡过钱塘江，到达西兴坐上了轮船。

他乡又遇同乡人，萍絮随风亦宿因。

携手去寻台岭景，右军太白或前身。

右军太白是指位于天台华顶峰上的右军墨池和太白草堂。过了绍兴，不久到达嵩坝，在此换乘轮船向南行进。

舟过绍兴感不穷，古城春暖石将融。

舟人无解存亡事，唯说城中酒米丰。

10日，到达三界。所谓三界意指山阴、会稽和嵊三县之交界。

水浅沙多舟不前，乱山时亦接桑田。

黄昏系缆泊三界，一夜篷窗听雨眠。

从杉树潭雇人力轿步行。夜晚投宿嵊县城南门外的潘聚兴行。是夜观看了久违的戏剧，可是完全没看懂剧情，最后不明而终。戏曲中锣鼓喧天，好不热闹，真是中国人特有的浓厚偏好啊！太平庵是位于天台山前面的一座小寺院。说是佛寺，但并没有修行的僧侣居住。感觉好像仅有几个为前来参观的游客做导游的而已。把这种和尚称为知客，大概是为客人做导游的意思吧（不是真和尚）。根据旅程安排，在这个佛寺里往返住了两次。

填然钟鼓耳将聋，几个俳优演古风。
忠孝由来人至性，精神所到感村童。
天台春色好堪探，昨日辞舟杉树潭。
今晓乘晴发嵊县，黄昏来宿太平庵。

13日，到达天台山国清寺。此地乃日本天台宗鼻祖传教大师最澄拜谒当时的大德道邃和尚并承继其法脉之所。不愧是著名道场，伽蓝完备，寺僧亦是太平庵所不能比。我去的时候正好赶上有几位供养主请做盛大法事，僧众都在殊胜地诵经。寺僧当时好像正在勤修天台之学。半夜春雷惊客梦，春色亦逐渐浓重起来了吧。

殿堂之美古今同，求法之人来自东。
半夜雷鸣山岳动，国清寺里梦澄公。

从地处山麓的国清寺出发，次第向山顶行进。夜晚的春雨使山路泥泞，芳丛又添新绿，层峦叠嶂起伏，旅情油然而生。

一到高明寺，遂请来传说中的《贝叶经》，虽然抄写下来，但到底没能弄明白那是什么。依我看那大概是毫无秩序地收集的一些残片而已吧。有关高明寺《贝叶经》之事，是由于我记得之前我在翻阅某部书籍时，上面记载着西洋人游历中国高明寺，发现藏有《贝叶经》。另外，关于天台山，该书记载着有《天台山志》五卷，并且特别说明那是高明寺藏版，所以，我向寺僧请求无论如何让我看一看，但怎么也不得要领。在寺僧的引领下游览了一圈，随后登上钟楼，一看头顶上堆积着类似版木一样的东西。我猛然伸手抽出来一看，恰巧正是我要找的《天台山志》版木！不过，这些版木没有采取任何保护措施，而是不慎重地任凭风吹日晒雨淋，实在是太可惜了。

宿高明寺抄写《贝叶经》

重叠乱山如曲屏，芊芊芳草雨余青。
金鸡岭外高明寺，看得千年《贝叶经》。

呈寺主显良师

奋然求法吾心赤，蔼然接人慈眼青。
投辖真情最多谢，间窗令我写梵经。

16日，到达真觉寺拜谒了智者大师真身塔。塔中或许安放着大师的真身什么的吧。寺僧赠给我一本题为《智者大师列传》的小册子。这一带有很多黄鹂鸟，迎着清脆的鸟鸣，一步步渐入幽深之境。

天台山色自神灵，说法台边春草青。
智者大师尚如在，黄莺亦唱《法华经》。

翌日，登临华顶峰。华顶峰是天台山的顶峰。作为天台的遗迹，这里有智者大师的降魔塔以及拜经台。

相传右军王羲之洗笔的右军墨池、李太白隐居的太白草堂亦在此峰中。当天下山后，还欣赏了水珠帘龙游涧、铜壶滴漏及石梁飞瀑等奇异景观。大概李白也甚为喜爱这些奇观吧。游历结束后，泊于上方广寺。

降魔塔又拜经台，怀古远攀华顶来。
四面云山皆脚下，斯峰毕竟冠天台。

之后顺次游览了万年寺、地藏寺、清凉寺，回程时又住太平庵。据说这五座寺院相距都是十五里。

风光仔细不能探，有友同游足笑谈。

数日天台山脉路，过来复宿太平庵。

19日，投宿新昌县城外南明山宝相寺。这里有大石佛、智者大师圆寂地以及朱熹晦庵遗址。镌刻在巨大岩石上的大石佛雄伟浑厚之容姿，令观者油然生发敬畏之念。昔日，智者大师应晋王杨广（后来的隋炀帝）之恳请，不顾重病下山，终究没能再回来，大师是唱着《法华经》和《无量寿经》两部经的经题坐化而终，即在现在的圆寂之地。大师为法忘躯的精神让人感到无上尊仰。我们一行都是轻装，各自都把行李系在竹竿上扛着返回。然而，在途中到罗汉堂附近时，突然出来几个壮汉勒索我们，强夺我的洋伞，还说着些我听不懂的话。松林君给我翻译说，他们是说要酒钱。没办法，我只好给了他们一点儿钱打发他们离开，不过，最后我的洋伞到底还是被他们抢走了。后来在茶店休息时一打听，才知道他们竟然是这一带的警备兵卒，简直太让人感到吃惊和意外了。

昔日关门防暴客，今时戍卒恼行人。
无端夺我西洋伞，罗汉堂前有乱民。

翌日，我们前往白云普安寺。这是前日在石佛寺询问寺僧有无《贝叶经》时，寺僧让我们来这座寺院的。我兴致盎然地一直抄到天亮。但是，全然不知所抄的内容是什么，也很难弄清楚是否与高明寺那本《贝叶经》相同。

昨上南明得异闻，普安寺里有梵文。
禅堂今夜借灯写，坐到东窗曙色分。

经嵊县再到杉树潭上舟

山风坐觉客衣单，路过岩墙胆亦寒。
悟得人生劳佚异，轿夫舁我汗难干。

从杉树潭坐船急赴上海。22日仅行了25里路。到一处吃晚餐，想打听一下地名，怎奈当地人根本不识字，没弄明白到底是什么地方。

临水山村有路升，千秋或疑口相承。
地名相问不知字，如看依然古结绳。

同船中

连山翠滴雨初停，又认江头有驿亭。
过去此间何所见，满田桑叶照人青。

再次回到嵩坝，换了船过绍兴及东关镇，船行至禹王庙下，于舟中宿泊。

东关镇外水迢迢，清景不知吟笔摇。
忽认斜阳映朱壁，会稽山下禹王庙。

此地就是春秋时期因吴越争霸而出名的会稽郡。下船后，参拜了禹王庙。庙里安放着禹王的大木像。禹王头戴冕旒，直身站立，威仪堂堂，俨然一副古代天子模样。当天我们得以观赏了古文中有名的兰亭。

禹王庙下系扁舟，薄暮细观难自由。
今晓相携更登览，巍然圣像美冕旒。

到达西兴后，我们雇了轿子，渡过钱塘江，投宿在杭州城望山桥的德庆堂客栈。下午，登八卦山，眺望了西湖美景。古人常把西湖比作西施，诚如斯言。山容水色构成一幅天然胜景，再配以文人墨客的诗词赋韵，实乃奇妙至极！说其附近亦是名山、古刹、史迹，胜景相连，亦不为过。林和靖遗迹包括他的放鹤亭也离此不远。

27日，我们一行人泛舟西湖游玩，在小瀛洲休息，甚为尽兴，之后相继游览了天竺三寺、飞来峰、云林寺、岳王庙、左公祠、湖山春社、苏小小墓。在楼外楼推杯换盏与蓝水氏话别。入夜，返回城里，收拾行李，复又上船。

二旬忘得客程迁，台岳山阴两友俱。

八卦峰头又携手，此生初度望西湖。
探胜犹为半日游，西湖风景兴偏幽。
左公祠外别离酒，薄暮醉成初下楼。

离开杭州城，乘船驶往上海。舟中无别事，读书伴我行。

熏风阵阵布帆舒，水满长江有跃鱼。
尽日舟房无一事，玻窗静处阅新书。

偶尔可以看到满载老妪的小船沿长江南下而行。所有的船都挂着黄色旌旗，上书“天竺进香”字样，都敲着木鱼齐声唱诵“南无阿弥陀佛”。我向松林君一打听，方知这些老妪类似日本的进香团，她们这是去我们前些天去过的天竺三寺参访拜佛。我凝视着不时传来悠悠木鱼声和念佛声的挂着黄色旌旗、沿长江顺流而下的小船，不胜感慨这充满异国情调的珍奇景致。

又见行舟载老婆，念珠在手坐肩摩。
黄旗揭出进香字，齐唱南无阿弥陀。

5月1日，到达苏州，前去拜访许息庵居士（名灵虚），但是他不在。故而我便与他的朋友沈觉尘（名善登）及张莲海（名常惺）

两位居士进行了笔谈，他们都是虔诚笃信佛教的人士。

来访苏州许六爷，主人不在客盈家。
精灵最是沈居士，对话终朝笔发花。

翌日，小船始发苏州，宿泊于昆山县。和风拂面，船行缓慢，任由水流。此时，不知从哪里传来了晚钟声，暮色映衬下的初夏景致愈发浓郁。

苏城东出水边边，鸡犬无闻旬日间。
午下逆风舟不进，时钟三点泊昆山。

距上海尚有20余里，船在周太庙停泊一夜。回到上海已是5月4日。

一道吴江落晚潮，天心孤月夜萧萧。
上洋犹隔廿余里，今夜系舟周太庙。
龙华寺外几湾湾，舟过吴江潮水间。
归到沪城时假寐，梦魂犹绕浙东山。

天台山位于浙江省东部，故在此说浙东山。一回到上海，便接到养父卧病的电报，我甚为吃惊，决定立即马不停蹄回日本。

违养多年逆旅中，将辞禹域意何穷。
慈娘啮指儿心通，父得中风吾返东。

已经结束了天竺之行，此番又完成天台山之旅，在返回日本之际，我对同行的笙洲松江贤哲君、行本松林孝纯君深表谢意，话别竟及至四更。

三旬禹域寄萍踪，两友交情兰臭浓。
明朝分手浮海去，从今夜夜梦双松。

一回到长崎，竟然在街头巧遇老友太田祐庆君，我们重叙去年冬天以来的离别之情。

去年京洛各分飞，曾谓东西万里违。
君自朝鲜吾印度，崎阳相遇又同归。

养父永眠

我回到京都一看，养父不在家里。他已经去了加贺山代温泉疗养。

我便立刻赶往大垣老家看望母亲。母亲那时虽已是70岁的高龄，但身体还健朗，见到我平安归国，她格外高兴。

我担心养父的病情，启程前往山代温泉，然而不巧在路上受了风寒，耽误了两三天，22日才到达目的地，终于见到了病中的父亲。与我出国时相比，父亲的身体确实是衰弱了一些，但也不是重症。遗憾的是由于病的缘故说话不那么清楚了。我虽然只是外出游历了5个月，而病中的父亲盼望我归来的心情却是度日如年。如今他看到我回来，欢喜得好像连自己的病痛都忘了似的。

侍奉了父亲几日，父亲对我说：“我的病情没有什么大的变化，气力也恢复如常，你回去吧，去到有缘之地弘扬佛法吧，也把你在外游历的见闻告诉大家吧。”我去小松的本觉寺及那里的郡役所开讲佛教，正是这个时候的事情。偶得一诗如下。

曾侵风雪发东京，印度中国万里行。
忽地归来说吾法，插秧时节自庐城。

然而，父亲的病在那之后并没见好转。6月上旬父亲拖着病体艰难地回到京都，其后病情日益恶化，言语、起居越来越困难了。父亲回到京都后半个月，就在西六条的宅邸病逝了。那是明治二十年（1887）6月28日。享年74岁。很不凑巧，当时我正听从父亲的建议在越前传教。当接到“讲师重疾，速归”的电报后，我惊愕万分，急忙赶往京都。在到达武生时，再次接到“八点半讲师逝去”的讣告，我只感到茫然自失，承蒙父亲养育之恩，临终却未能在他床前尽孝，内心深感愧疚。第二天夜里到了京都，终于赶上了遗骨入棺仪式。养父病重期间，现如上人亲切探望了父亲，垂问了病情。后来严如上人手书云澍院释神兴的墨宝，赐予遗族，同时，为追赏养父生前为弘扬佛法而做出的功劳，不仅升级了养父的寺院，而且绘制并悬挂了养父的肖像。第二天，在东山火葬，然后奉遗骨回到越前的本寺，在那里举行了葬礼。养父生前弟子、嗣法门人以及与养父有甚深法缘的信众居士相聚一处，举行了庄严肃穆的追悼法会。

我一刻也未曾停止对养父的思念。最能够代表父亲性格的，是他在患病期间的一桩轶事——那是现如上人去探视他时所发生的事情。父亲一个劲儿地、努力地向看护者诉说着什么，因他言语不清，所以很难沟通。最后，他不顾重病在身，自己从床上爬起，迅速敏捷地摘下常年挂在墙上的匾额，复又躺倒在病床上，神情安然地把匾额呈送给了上人。这件事是母亲后来告诉我的。另外，我还想起一件与父亲忌日有关的事情。28日，因恰巧也是祖师圣人的忌辰，所以，门人之间广泛争议是否将养父的忌日改成别的日子。

我从一开始就认为那是没有意义的讨论，所以一直沉默不语。不久，随着大法主严如上人赐予养父亲笔书写的法名，那些议论也就日渐式微，最后销声匿迹了。因为上人的墨宝明确写着忌辰日期是6月28日。

先父之手泽，那些关于宗乘余乘的讲记、论题、抉择以及其他数十部书籍手稿等在前几年的大地震引起的火灾中烧为灰烬，实乃是一件无以言表的伤心事。

明治二十一年（1888）正月，养母认为已无留在京都之必要，决定返回越前老家，2月，我们将西六条的宅邸转让给了赤松连城君。我也离开京都，赴名古屋市东本愿寺别院内的普通学校任校长兼教授。当时在尾张领众的有教界拔萃者小林什尊君的弟弟康任君。事实上，普通学校的创立完全是仰赖他的努力。打那以后，我每隔一月便前往岐阜别院和冈崎的三河教校，开设佛教讲座，有时则以教校为中心，举办大型讲演会。在我的记忆中，我是和从东京浅草寓居时代就交往的清泽满之君等一起站在讲坛上的，记得那时清泽君讲的好像是甚为难解的哲学理论问题。当时，东本愿寺在全国各地开设了很多针对门徒弟子的教育机构，三河教校是设在冈崎市的小教校之一，规模相当于今天的中学校，学生不过百人。但是，这里人才辈出，成名的有石川成章、大溪专、和田鼎、佐佐木月樵、山田文昭、舟桥水哉等诸君。记得校长是讲师赤松圆纯师。

6月7日，我被文部省授予文学博士学位。获得法学博士学位的有穗积陈重、冈村辉彦、富井政章、田尻稻次郎等人；获得理学博士学位的有山川健次郎、菊池大麓、寺尾寿、樱井锭二氏等人；获得医学博士学位的有高木兼宽、小金井良精氏等人；获得文学博士学位的还有加藤弘之、重野安绎、外山正一、中村正直、黑川真赖、末松谦澄等人。

6月15日，大本山授予我兼学一等学师补称号。当时，由于我通彻地感受到弘扬佛法的必要，因此，与同志道友商议成立了法雨协会，与友人冈无外居士巡回各地尝试开设佛教讲座，从一个侧面来讲，这或许是契合了时代的需求吧。我们所到之处，都是听众满堂，且反响强烈，大受好评。到了明治二十二年（1889），小林君对当时的第三师团长宣讲，我则在名古屋别院每个月都要对军人们进行精神讲话，另外，还委托我做特别教会的讲座。

8月，由亡父的弟子及信众倡议建造的纪念碑竣工，故此，我草

养父永眠

撰碑文铭刻其上。

讲师神兴墓

讲师讳神兴。初讳界雄。号老南以南条为氏。赠嗣讲德母院讳良雄之长子也。文化十一年八月十五日生于越前南条郡金粕村。文政十一年七月，承父后为忆念寺住持。后游纪伊及三河，学余乘入云华院大含讲师之门潜心宗乘。弘化以后在越前讲宗乘余乘，四方来学者颇多。安政六年，讲俱舍论于高仓学寮，他山僧侣来听讲义是为始。庆应元年闰五月，为拟讲，时年52。明治四年（正月养文雄为嗣子）十月进嗣讲。十一年11月为一等学师，十二年5月补权少教正，十六年5月为讲师。十二月补少教正，先是兼教学事务顾问及学寮总监，讲经论疏释概无虚岁。廿年1月在京都罹中风症，6月28日新法主亲访病状慰谕恳笃，是日午后八时卅分殁。年74，号云澍院。廿一年8月大法主追赏词曰，故讲师神兴在职之日，学事勤劳之功不为尠矣，加之，百事维新之时能维持相承宗义。一洗学寮弊习，定教学针路，予深嘉之，为追赏之，升寺格为院家，顷日门人等相谋建碑于忆念寺之东，新法主亲书题字以附与之，亦特典也。

两法主之遇讲师其如此，为其子弟者，岂可不感奋尽心力乎。因谨叙行为勤以垂不朽云。

明治二十二年8月22日

忆念寺住持文学博士

权少赞教不孝义子　南条文雄撰

12月，我辞去了普通学校校长兼教授的工作。自翌年1月起再赴东京，受华族女校之委托教授英语，当时该校的学监是下田歌子女士。下田出生于美浓，是苗木藩士之女。早年嫁给东京的下田氏，其夫死后便一心投身于女子教育事业至今。我听说，下田女士第一次去皇宫时，便得到皇后宫（昭宪皇太后）赐予的歌题，对此她当即吟歌一首呈皇后御览，昭宪皇太后大加赞赏，并赐予了“歌”这个名字。

昭宪皇太后亦经常行幸华族女校。此前一年的10月，严如上人在京都东本愿寺隐退，现如上人（光莹）继承其位，接传大谷派本愿寺第二十二世之法灯，于次年被授予正三位，5月10日，举行了大殿奠基仪式。是月，我被大本山任命为特派传谕使，前往北海道公布现如上人上任的消息。

对于北海道，我记得现如上人开拓此地的功绩。明治二年，上人18岁那年，由于朝廷发出了开拓北海道、奖励移民的号召，翌年2月10日，上人率领180余名开拓者以及多名劳工从京都出发，沿途传布佛法，到达函馆，进入不毛之地，开路架桥，费尽心力建设了20多座道场，使其成为北海道教化的机构。据说为此大概花费了30万银两，据此也可以推测到当时本愿寺的势力了。总之，上人对于开拓北海道可谓厥功甚伟。

在我巡回的时节，开拓工作已经完成，教化事业亦着实获得进展，在上人创立的函馆别院建成了雄伟的大雄宝殿，我正好参加了迁佛仪式及供养法会。别院的轮值是藤井草宣君的严父藤井至静，他为大雄宝殿的建设竭尽了全力。

此次巡回与我同行的副使是前面曾经提到过的平松理英君，由于我们很久之前就认识，所以非常愉快地完成了巡回讲演。返回东京时已是8月的某一天了。

奉迎佛骨舍利

明治三十二年（1899），当时西方各国的注意力普遍聚焦于中国。英国、德国、法国都竞相在东亚扩展权利，著名的义和团运动亦发端于这时。

在东亚竞争的欧洲各国，特别是英法之间的抗争颇为久远，是17世纪以来就已形成的问题。最终英国人取胜，明治十年，即我留学西洋的第二年，维多利亚女王作为印度女王统治印度。不要忘记，与这种政治上的关系一样，其他学术上的调查也在相伴进行。印度研究首先是由英国人发起的。由此，有关印度的学问逐渐展开，发掘古迹、古钱、古塔精舍以及佛画像等研究陆续发表，东洋学研究才有了像今天这样的鼎盛。有鉴于此，关于外国人的学术研究方法，确实有很多方面需要我们进一步学习。

说到奉迎佛骨的话题，必须从这件事的开端——明治三十一年在印度、尼泊尔南方丘陵地带发现的佛舍利石函及其他宝物说起。我听说当时有个叫柏佩的英国人着手挖掘这座高丘，从明治三十年到明治三十一年进行了大规模发掘，终于发现了这些贵重遗物。而且，释尊的舍利即珍藏在石函中。石函盖上刻有文字，其内容大致是："藏有薄伽梵、佛陀遗骨的这座圣龛属于释迦族，即大圣的兄弟、姊妹、儿子妻室所有。"据此也证实了《大般涅槃经》等所说的分配佛骨、造塔供养的事实。就此，柏佩等人的发掘被公之于众。像近期居住在东京日法会馆的西勒万·列维博士当时已经赶赴印度展开研究了。

由于柏佩把这些发掘物寄赠给了英国政府，所以，英政府就宝物的处置进行了各种审议。审议结果，决定将释尊神圣的遗骨赠给佛教国暹罗（今泰国）王室，一部分宝物珍藏到加尔各答博物馆，一部分珍藏到伦敦博物馆，剩余部分还给柏佩。由是，明治三十一年发掘出来的佛舍利归暹罗皇室所有，由王室再分发给缅甸及锡兰（斯里兰卡）的佛教徒，其中一部分还赠给了日本佛教徒。参与此间斡旋的，即是当时的驻暹罗公使稻垣满次郎。

于是，稻垣公使便向日本各宗佛教管长发出信函传达指示，希望借此机会谋求南北佛教之统一，以促使沉睡中的世界佛教徒觉醒过来；关于奉迎佛骨一事，希望在佛教各宗派中选出精通英语者作为成员。据此，佛教各宗于同年4月18日起在京都妙心寺召开了为期三天的会议，详细讨论奉迎佛骨事宜，商议结果，选出如下几位法师作为奉迎使：

奉迎正使大谷派　　大谷光演

曹洞宗　　日置默仙

本愿寺派　　藤岛了稳

临济宗　　前田诚节

另外，选出的随行人员有：曹洞宗的忽滑谷快天，本愿寺派的三谷泰恩，临济宗的高野山大学林教授上村观光，大谷派传教监督石川磬，浅草别院轮值大草慧实，真宗东京中学教授藤冈胜二、松见得闻、浅井惠定、尾崎英吉、下间赖信等诸位法师，我也在其列。我们一行人于5月22日在各宗僧俗们的送别中离开了神户港。所乘轮船是日本邮船公司的博多丸号。

船泊门司、长崎后直航香港，在新加坡上岸停泊两夜，再换乘法国邮船，一路急驶暹罗，不过，途中亦在法属西贡稍作停泊。在新加坡等待搭乘便船期间，我和藤岛、日置两位法师一起前往当地本愿寺派说教场，为汇集在此的国人举行了演讲会，并介绍了奉迎佛骨的缘起。10月11日，逆湄南河而上，当晚到达暹罗首都曼谷。暹罗王室以贵宾级的礼遇隆重地接待了我们，亲王、大臣等也都来亲切地互致问候、交换礼物。当时，由于正使大谷光演师被安排住宿在日本公使馆，我和下间君亦随行正使同住。其他诸师则都投宿在旅馆。我偶然得知，稻垣公使夫人毕业于我曾执教过的华族女校，总之，我们都受到了特别款待，欢喜无比。

第二天，即14日，奉迎使一行在稻垣公使的介绍下在王宫谒见国王，接受国王至诚恳切的敕语。接着，由我们奉迎使朗读奉答文，我将奉答文译成英语呈送国王。随后陛下与四位奉迎使握手，一起到另外房间用茶点，而且我们还得到敕许，参观了皇宫里的佛殿，之后退下返回旅馆。

主伴相从数十人，袈裟肃肃谒枫宸。
君王优旨好堪掬，话出两邦同教亲。

15日，我们一行来到举行佛骨授受仪式的卧佛寺。该寺是暹罗为数不多的大宝刹，内外显露出的庄严之美，着实令人炫目，殿内须弥檀左右以黄金铸造的两头大象灿然齐首。映入眼帘的皆是炜烨焕烂的紫摩真金色。

仪式在大雄宝殿举行，首先由王室的敕使起立宣读仪式祝词，之后由奉迎正使大谷光演师宣读答谢辞，接着一起对佛遗骨诵经礼佛。其间，敕使取出小黄金塔，并将之交给奉迎使，在此庄严的佛骨授受仪式结束，我们一行乘马车返回公使馆。佛骨暂时安奉在公使馆内客室的上龛。翌日，一起参观曼谷市内的名胜古迹，我们参观了著名的寺院和博物馆。18日，奉迎四使、稻垣公使还有我得到在王宫内陪食之殊荣。用餐后，国王率文武官员移至另一房间，在这里取出一尊大释迦佛坐像，将之赠送给了日本佛教徒。这时，奉陛下之命，真宗读诵赞佛偈，禅宗读诵舍利礼文，以此拜谢。此时陛下赐予了优厚的敕语，并针对安奉佛骨的觉王殿的建设下达约定说："朕及王后、亲王、大臣将寄赠各种材木。"陛下还亲切地介绍了这尊大佛像是在位于清迈北部的古都铸造的。距今八百多年前，迁都时将这座佛像留在了旧都，后来又移到曼谷，是一尊距今一千多年的古佛。而且，这尊佛像既非印度式的，也非中国式的，完全是一尊纯粹的暹罗式佛像。

另外，连同此佛像一起，王室还在这年10月通过稻垣公使，将誊写在贝多罗叶上的经卷——《暹罗文抄略三藏经》7篇赠送给了日本佛教徒。

这样，我们一行于19日踏上归程。当时正值清朝义和团之乱，日本国内好像也在争吵是否出兵，所以，我们一行改变了原定航线，终于在7月1日到达长崎。我沉浸在完成大任的喜悦中，抚摸着胸口，一颗悬着的心总算可以放下来了。回程途中，停靠新加坡时，藤岛了稳师奉大本山之命立即赶往法国。在长崎及大阪的四天王寺举行了迎请仪式。说到礼佛者，僧俗达数万人，我记得当时四天王寺的住持吉田师好像是手捧圣德太子圣像出来相迎的。总之，说这是明治时期佛教界空前绝后的一大盛况亦绝不为过。

7月19日，奉迎使一行奉迎圣龛回到京都，云集于此的奉迎者及礼佛者分立两旁，一行径直朝向妙法院——临时供奉佛骨的安奉场。之后，在名古屋市东建成了觉王山日暹寺（日泰寺），并将暹罗所赠的大佛像安奉于此，佛骨舍利则安置在该寺内的奉安塔内供奉。以上即是奉迎佛骨的大概经过。每当我回忆此事，都会对为日暹佛教亲善鞠躬尽瘁的暹罗国王玛哈·朱拉隆功陛下的宸虑感佩不已。8月，大本山下令，允许我平时着纹纱衣和紫带镶金咒字袈裟，之后，寺务总长亲自给我送来了一件镶金咒字袈裟。

严如上人圆寂

回到东京，刚一入住新光明寺，就在10月28日的报纸上看到了浓尾大地震的报道。

其时，家母已74岁高龄，我非常惦记她老人家的身体。为了探视母亲，我决定11月3日从东京出发回乡下，但是，此时东海道线已经不通了。所以，从横滨乘船到伊势的四日市，又从四日市前往草津，并在草津住了一宿，见到同乡医生江马某氏并与其谈话良久。翌日，幸神户到大垣的火车开通，遂与江马君一同火速奔回乡里。从近江进入美浓，震灾情况越来越惨烈，倒塌毁坏的废墟上伴着火灾，真是惨不忍睹。

我老家的经藏和库房被毁坏，唯有大殿完好无损。这实在是瓦砾废墟一片的大震灾。地震发生在28日清晨，由于这天正好是祖师的忌日，伯兄（云嶂院）已经前往大殿。因为是突发的大地震，所以他还没来得及从大堂跑到库房，库房就坍塌了。母亲没有来得及逃跑，尽管很危险，但只能躲避在库房的地板一角，在不断的余震中，竟然奇迹般地毫发无损平安无事，这只能说是全仗佛祖加持护佑。

此外，其他二兄一妹一弟也安然无恙，我也终于安下心来得以返回东京了。

我离婚后，由迹见花蹊女士做媒，与京都府士族峰孟亲之长女爱子结婚。

岳父为扈从皇女和宫下嫁，首次来到江户，后来成为闲院宫家的副管家，内人则侍奉三条实美公爵夫人治子，同时也为闲院宫妃智惠子殿下之婚仪尽了力。而且，在智惠子殿下尚在三条家时，迹见花蹊女士就曾陪侍其教育，鉴此关系，岳父与迹见女士成为熟知，将长女之婚事委托给迹见女士，女士前来向我详述缘由，于两者间付出媒妁之劳。迹见女士亦是一位热心的教育家，最初曾在神田创立了迹见女校，不过，该学校不久就搬到现在的所在地——小石川区柳町（街）。迹见女士喜欢书画，而且也是这一领域的佼佼者。

翌年4月，《航西诗稿》（一册）得以出版发行。这是我在欧洲留学时所写的诗赋，明治二十年（1887）游历印度、中国时次韵宫原木石翁之诗作亦附录于此。

明治二十七年（1894），严如上人入冬以来的疾病未愈。1月，我接到病情日趋严重的通报，遂急速离开东京西下京都。当时，在丰桥站偶遇藤井至静君，他正好也要去京都。藤井至静是藤井草宣君的生身父亲，以前我在北海道巡视时，他作为函馆别院轮值驻守那里，所以，我非常熟悉他。一到京都，我便立即去枳殼邸报到。当时是渥美契缘师担任寺务总长。我一通报是来探视伺候严如上人的，便得到了如下密意："现在上人正好在睡觉，待上人醒来后，我们会如实禀告，所以，请尽量找附近旅店住下为好。"

于是，我到丹平旅馆去找藤井君，借此机会，我也初次投宿该旅馆，自那以后至今，我只要入住旅馆必然首选丹平，由是固定下来的。

是日，夜半二时许，丹平旅馆正门响起一阵急促的叩门声。我正吃惊于发生了什么事，开门一看，原来是友人桑门志道君，他上气不接下气地通报给我严如上人圆寂的消息。我立即赶往枳殼邸伺候，礼拜遗体守夜到天明。有关严如上人这一代是如何确立秩序的暂且省略不提，自我从英国留学以来，在漫长的岁月里得到上人无限的恩惠，感佩之情无以名状。

上人在世时恰遇维新改革之机，宗门内外亦是多事之秋，诸如遭遇"排佛弃释"法难，上人的心痛肯定非同一般。而且，在当时经常拜领朝命、弘扬祖门之事首先应归功于德高望重的上人。我想，众所周知的是，在明治元年著名的戊辰之役时期，奉朝廷旨意，两位法主歧路各别，严如上人亲自巡教近江、美浓、三河等地，劝说宗门信徒进呈大米及金钱充作朝廷粮饷。

我又顺便想起一件事，就是我们最初在大本山工作时，一天，笠原君到内事局，正好看见严如上人，便发问道："你是哪里的什么人？"笠原君当时说得过于不客气。

29日，葬礼当天早晨，我再次去京都，这次是和村上君等四五人一同前往，我们排了好长时间的队，当时东海道线的拥挤情况至今尚未出现过。

从东京经过静冈，一进入三河，人已经挤得像是寿司罐头了，以至于连袖子里准备的面包都拿不出来。一路上都没吃没喝，简直是冒着生命危险才抵达京都，当时真有不管闯入谁家先恢复体力再说的想法。不过，在此可以推知宗徒对上人的怀念程度。

时光流逝，上人圆寂33周年纪念法会，也已于去年结束。

同年7月，我辞掉了华族女校英语教授教职，不久被大本山授予学师称号。8月24日，长子文英出生。9月1日，我接受大本山授予的真宗第一中学寮长之命，前往京都赴任。这即是真宗中学的创立期，我记得后来的能净院大谷莹诚师、净晓院大谷莹亮师当时都是该校的走读学生。

这年8月，渐次紧迫的日中两国断绝了关系，朝廷下达了宣战诏敕。9月，把大本营移至广岛，国家存亡之际，亦是国民极度紧张之时。大本山也倾注全力做出征的准备，其目的是或者在军队弘法，或者是慰问抚恤士兵，总之希望佛法王法双管齐下。由是，我当时也或在杂志撰文或登临讲坛，高扬真俗二谛之宗旨，并且多次尝试着讲解往昔楠公在凑川之战前参访明极禅师的公案。[①]

到了明治二十八年（1895），中国北洋舰队全军覆没，提督丁汝昌饮毒自杀，鉴于这种情况，清朝提出讲和。4月17日，日中两国在下关签署“讲和条约”。正好这时，我接到来自大本山准上座的恩许，陪同超真院连枝前往函馆别院，一连几个月都在青森县和北海道等地巡回传教。超真院乃光演彰如上人的异母弟弟。

从这一年开始，住在老家的母亲也成了药罐子，衰老迹象日益明显。为此，我在北海道也经常惦记着老母亲安否。10月，我回到东京，在相州静养不久，便接到母亲病危的电报，遂急忙返回大垣省亲，与二兄一弟一妹聚齐在母亲病榻前守候一周，进入安详睡眠中的母亲最终在10月14日清晨与世长辞。享年78岁。母亲年轻时只身一人来到我家，与难以交往且性格严厉的父亲结为夫妻，非常艰难地把我们兄妹五个拉扯大。

大哥从《佛说无量寿经》“往观偈”中选出一句最符合母亲品性德行的“谦敬闻奉行”，取前二字，把母亲的院号称为“谦敬院”，法名号“顺操尼”。随后，我被大本山任命为顾问，并且享

① 凑川战役（发生在1336年，是日本历史上重要的战役之一。凑川是今兵库县神户市。为后醍醐天皇与足利尊氏决战，以足利尊氏胜利告终）前夕，楠木正成（日本镰仓幕府末期至南北朝时期的著名武将）前往广严寺参访明极楚俊禅师，在与明极禅师的问答中开悟。

受准参务待遇。

翌年，我被任命为真宗京都中学寮长，并再次成为顾问。9月，长女文子出生。后来我自愿谢绝了真宗京都中学寮长一职，但又被任命为特派传道使。在我之后，小栗宪一法师长期担任中学寮长。

明治三十一年（1898），彰如上人巡视弘化九州，我作为随行长，在各地弘法，6月，返回京都，上人挥笔写下“树心弘誓佛地，流情难思法海”二句并赠送给我。随后，我又接到大本山之命，巡视北海道，尝试在函馆、江差、札幌三座别院进行弘法。不觉已进入七八月，在津轻海峡遭遇了罕见大雾，导致轮船无法航行，在船上的乘客们无聊透顶，便举行了开怀畅饮酒会，好不混乱。我记得当时船上有一位唱浪花曲的名人很有趣，非常讨船客喜欢。

这年，山县有朋重新组阁，发生了著名的宗教法案问题，引发舆论哗然。像我这样的也成为该委员会委员之一，不过这是我最不擅长的领域，最终没有发挥任何作用。近角常观君等从那时起至今似乎一直持反对意见。我认为像石川舜台师这样的也是该委员会的急先锋。

自古以来，在佛教各宗联合共事时，肯定会从哪儿冒出来执拗的意见，从而缺乏整体的一致性，完全按照最初计划成就的，至今尚无一例，毫不夸张地说，从大教院时期至今都是这样。佛教联合会对宗教法案的讨论亦如出一辙。

翌年1月，我被任命为特派传道使，接下来，次女孝子出生。是年，石川舜台师继渥美契缘师之后组织本山的内局，教学部长由谷了然师担任，他恃才傲物，是只有在石川师领导下才能发挥最大作用的人才。

赴中国慰问

当时，中国团匪之乱尚未平定，各国公使纷纷要求会见中国代表进行交涉。

一天，外务省委托大本山，希望向其派遣一名汉语翻译官。大本山苦于人选问题，这时正好寺本婉雅君切望承担此事，大本山亦不可能错过此机会，马上同意该君前往。由此促成了寺本君最终作为陆军翻译官被派往北京。其间，寺本君发现北京黄寺所藏的《西藏译大藏经》。他便给本愿寺写信说，在义和团之乱中，对日本军及在留同胞残害颇为严重，故切盼派遣慰问使前来探视。大本山答应其请求，遂决定派遣超真院连枝为慰问正使，白尾义夫、大河内秀雄、铃木信雄等诸君为随同人员，我也在彰如上人的推荐下，作为副慰问使加入了这一行。

之所以派遣这个慰问使团，尚有其他一些理由。一个是前年奉迎佛骨时，是否建立佛骨安奉塔一直成为教界的悬案，奥村五百子女士想接手北京郊外黄寺佛塔充作佛骨安奉塔，从而积极谋划促进了派遣慰问团一行。另外，朝鲜自发生闵氏事件以来，据说王宫经常出现阴魂，所以期盼日本僧前往诵经供养。总之，这些问题成了慰问使团一行的直接动机。但是，间接动机是什么呢？在此，我必须从完全不同的角度思考这次缘何派遣使团。

问题出在当时的寺务总长石川舜台师身上。

石川舜台师的大政策，即他的远大抱负，一言以蔽之，亦可称为让全世界都佛教化的泛佛教主义。明治七年，他担任大本山教育课长，将高仓大学寮改称贯练场，随后设置育英、教师两校。还有，关于我们的西洋留学亦是因总务和石川师的决心而断然执行的。除此之外，设立文局和编辑局，让舟桥振氏翻译《梵语小字典》、小栗栖香顶师出版《喇嘛教沿革》《真言宗大意》等，亦是在该师的努力下完成的。石川师关注于当时的中国问题、东亚局势问题，他似乎对中国、对朝鲜描绘出了宏大的蓝图。简言之，石川师的意见好像是按照婚姻政策把清朝宣统皇帝看成是大谷家的准连枝，必须趁此机会与北京郊外的喇嘛教寺院，如雍和宫等建立密切的亲和关系。听说对朝鲜也是考虑通过联姻的方式使之佛教化。石川师的空想不知到了哪里？不，应该说几乎是无边际地广大。

就这样，我们首先从釜山上陆，到仁川停留一两天，等待从仁川前往芝罘的轮船，再转乘德国轮船青岛号驶往天津。客舱已全都售出，除了我和超真院，其他人都蜷曲在马棚凑合将就，实在是一段于心不安的往事。从仁川起，奥村五百子女士就加入我们一行，她是长崎县唐津广德寺出身，母亲出生于二条公爵家。因其夫君居住在朝鲜的木浦，故女士经常往来于日朝之间，教化运动亦托付在她身上。她具备女性珍贵的体躯和资质，全然超越物欲，是一位献身于各种活动的女中豪杰。

在天津领事馆停留一宿。我记得当时领事应该是内田康哉氏。在天津、北京之间的潮白河上坐河船是颇为冒险的航行，因担心有土匪袭来，我们一行分乘两只船，并且把这两只船用绳子连接起来，夜泊潮白河中游。在通州，我们偶然目击了之前从未见到过的惨状，有两三具被投于古井中的中国妇女尸体。捞上来一检查，发现她们皆遭凌辱。更有甚者是阴部插着竹竿惨遭杀害的。多年之后，奥村五百子女士创立爱国妇人会的直接动机即是缘于当时目睹了这一惨状。

在北京停留数日，到处都是目不忍睹的战后惨状。战死者的追悼法会在某亲王邸的宽大客厅举行，法会结束后，连枝还在日本军的祈请下，为他们做了皈依。随后，寺本君领我们到黄寺，委托驻屯师团长山口阁下，尽力让我们弄到该寺所藏的《西藏译大藏经》。阁下也非常理解我们的意图，说：“这些经书放在这里也没用，反倒碍事。”我们遂让他全部邮送到了日本。这些“藏经”目前为大谷大学图书馆所收藏。记忆中当时山口师团长的幕僚中好像有后来的福岛大将以及日俄战争中著名的橘大队长。当时的公使是小村寿太郎。

对于雍和宫，我们与教主阿嘉呼图克图取得密切联系，并约定好邀请阿嘉活佛等8名喇嘛访问。但是，石川师的这些计划终未能实现。这是因为石川内局财政行不通而告吹的。

11月，我们一行离开北京，计划经中国东北、朝鲜回国，但没能实现，而是从太沽乘玄海丸号出发。然而，命运不济，玄海丸号遇到流沙不能动弹，大约延误了一周，再加上岁末临近，船客都满脸郁闷默不作声。这期间，船长也似乎下定了决心，对船客说，粮食已从中国购入了，打算在船上迎接新年，对此，船客们吃惊不小。

到达仁川别院已是11月17日深夜。正好此时接到了养母寿光院智登尼公病逝的噩耗。对我而言，前几年养父临终时没在他身边侍候，而养母又在我旅途中故去，这实在是一个悲痛叹息的不眠之夜啊！回到京都不久，大本山恩许养母晋升为别助音地[①]。12月，赶往越前举行先妣葬仪法会。明治三十四年1月1日，带长子文英回东京麹町家过年，途中在大垣住了一宿。自去年以来我开始患痔疾，由

① 日本真宗大谷派自上而下分为十五个等级，分别是：本山、五个寺、巡赞、国巡赞、别格由绪地、准由绪地、一等别助音地、二等别助音地、别助音地、助音地、院家、内阵、余间、飞檐、平僧。

于在中国、朝鲜旅行和寒气侵入等原因，我感觉好像越来越严重。我便到医学博士佐藤三吉同乡那里做检查，佐藤君经过仔细诊断，告诫我对痔疾而言，饮酒是最大毒害，为此，力劝我今后应该断然戒酒，因此，在其后樱井义肇君和柳政太郎君发起禁酒运动时，绝对禁酒的我是非常支持的。本来我是爱吃甜东西的，从小就特别喜欢吃年糕和点心。

这年9月，京都的真宗大学搬迁到东京府丰多摩郡巢鸭村。10月13日，举行了开校仪式（开学典礼）。总监是清泽满之君，干事是月见觉了君，我被任命为该校教授。开校仪式当天，清泽君说这是他不擅长的事，委托我捧读教育敕语，不得已我也还做过校长的代读。是日，文学博士井上哲次郎君也列席仪式并致贺词，井上君在彰如上人面前，激烈地抨击了本愿寺的募财主义，阐述了宗教的关键所在。列席仪式的奥村五百子女士听到这些后非常愤慨，愤然从座位上站起来离开了会场。

之后，我在走廊里碰见奥村女士，她一个劲儿地向我打听井上君是何许人也，胆敢在彰如上人面前如此出言不逊，一副怒发冲天的样子。为此，我静静地制止了女士，劝导她说："他是一位哲学家，哲学家都是像那样讲道理的。"但是，奥村女士说什么也不理解，分明是半信半疑的样子。清泽满之君开设的有名的"浩浩洞"私塾，就是在当时发起的，地点在本乡区森川町（街）的寓所里，该私塾以月刊杂志《精神界》作为时代精神的指南，云集了佐佐木月樵、多田鼎、晓乌敏、安藤州一君等一批宗门新锐，高扬划时代的精神运动。

巢鸭的真宗大学的学科除了佛教以外，还设有文学、史学、语言学等科目。6月，我被任命为耆宿，12月，我又被任命为教学商议会议长。

万国东洋学会议

明治三十五年（1902）暮秋初冬时节，万国东洋学会议在法国领地东京[①]召开。本届会议轮值主办方为法国，主办方向东京帝国大学发来请求，希望日本派代表出席会议。校方便推举文学博士高楠顺次郎、东京帝国大学梵语教授德国人佛洛伦兹和我三人参会。为此，我和佛洛伦兹一起乘法国邮船从横滨出发，在神户上岸参访了高楠君的寄养地，再从神户驶往香港。在香港停留大约一周时间，还去广东游玩并到日本老师所在的学校访问。学校为我们举办了欢迎宴会，但是由于我必须绝对禁酒，所以，喝酒这事只好委托高楠君了。按照最初的约定，主办方为我们支付船费，所以，我们不用

① 越南北部的古城东京，今河内市。

操心旅费，也不是匆忙的旅游，所到之处都受到热情欢迎，这样愉快的旅行迄今实为罕见。我去观看了一场演出。然而，在回来雇人力车时却演出了极为失败的一幕。车夫是中国人，完全不懂日语，费力拉着我跑了很远，但拉到哪里，他全然不知。我怎么说英语他都听不懂。他跑也不是，停也不是，天也越来越晚，我完全不知如何是好了。就在这时，正好走来一个日本人，他看我一脸困惑的样子，立即用流利的汉语跟车夫沟通了我的意思，这才终于把我送到了旅馆，让高楠君他们替我担心了。

虽然参加会议的法国人占多数，但各国的东洋学研究者齐聚一堂，加之当时正是各国东洋学研究高涨之际，所以，出现了很多有分量的研究力作，在我看来确实应该说是一次成功的会议。会上，高楠君用法语发表了有关《金七十论》的研究；我则用英语发表了刚刚出版的梵文《法华经》序文。藤岛了稳君后来也赶来参加会议。回国时，我从神户上岸，在高楠君家住了一宿，次日到达京都。在回京都的列车上，遇见了利井明朗师的弟弟，听他说本山兴正寺发生了火灾，我很吃惊。11月，次子文畅出生。

巢鸭的真宗大学建校以来，在清泽君的拼命努力下，基础日渐牢固，不到三年时间，清泽君的精神便在全校学生中广泛传播开来。他所创办的《精神界》杂志，成为城乡各地青年探讨人生问题的指南。清泽君确实是宗教界的一位天才。他人品高洁，极富热情，独到之处是所说的每一句话都沁人肺腑。

当时，彰如上人和净晓院大谷莹亮师同时住在浅草别院，好像这也是石川舜台君出的主意。能净院大谷莹诚师也在东京学习了一段时间之后去英国留学，彰如上人和大谷莹亮师则错过了海外留学的机会。这期间，我常常到浅草去侍候两位法师，两师研学很特别，我从心里期待着宗门有美好的前途。另外，村上专精君、清泽满之君等也同样承担侍候任务，特别是清泽君更是为两师尽心尽力。奥村五百子女士曾感叹道："为君国奉献全部身心拼命工作的，唯有我们的彰如上人。"后来上人患感冒住院时，我经常去医院侍奉陪他打发无聊时光，栗津元亨氏也在医院侍奉陪护左右。

在此过程中，由于京都光莹上人多次催促让两师回京都，所以，为了两师，我特意至京都看望光莹上人，并恳请上人准许两师暂留东京。但是，光莹上人非常不高兴，说道："他人插嘴这类问题是非常不合适的，希望你今后慎重。"并吩咐我当场写下誓文。没办法，我便艰难地草拟了一段文字。当时，村上专精君、清泽满之君也都在场，所以，我向上人禀报了他们二人在东京所从事的学习研究情况。之后不久两师还是终究回到京都了。

然而，这期间，清泽君的健康问题越来越严重了，最后不得不连真宗大学的学监都辞掉了。明治三十六年2月28日，我受大本山之命，继清泽君之后就任真宗大学学监。回想起来，明治十六年6月16日笠原研寿君曾写信与我谈及本愿寺的未来，阴郁的梅雨终于结束的7月16日，笠原君却逝世了。可是，我们的清泽满之君也和笠原君一样，常常是为法忘躯，胸怀弘扬祖教之志，在阴雨连绵的6月7日病故了。享年42岁。我和诸友一起前往他的家——三河大滨西方寺参加了葬礼。之后，我写了追悼诗文。

清泽满之师追想诗传

戊申十月十六日宿三河大滨西方寺追怀道友

信力院清泽满之师　咄嗟赋三十绝句

回顾忆之公，精神界里雄；显扬功赫赫，浩洞有遗风。
庭前遗爱松，郁郁耐三冬；信力亦如是，万人之所宗。
信力固无双，不疑臻乐邦；夕阳尤惹想，恍惚倚西窗。
吾心乱如丝，忽尔对遗儿；试问阿爷事，答言我不知。
遗儿名即往，十二觉身肥；因忆当年事，葬场畏暑威。
之公到我居，吾返大东初；廿岁同心发，金兰弟兄如。
学界夙驰驱，辨来今古殊；文科穷哲理，君是佛中儒。
丁亥卒其业，明年赴洛西；居然作师范，不使后生迷。
碧海有滨街，大堂耸水涯；之公此中住，时亦养幽怀。
乙丑新正日，冈城教会开；君来吾亦往，说法共登台。
洛北学堂新，居愚峰上人；君时作其监，夙夜事辛酸。
高洁最群超，名声次第闻；布衣甘菜食，礼拜自殷勤。
讲究溯其源，学徒常满门；膏肓栖二竖，早已病根存。
洛下早知寒，心安身不安；须磨养其病，长日独观澜。

乙未病痾间，裁书呈祖山；革新期为法，一喝破冥顽。
遂到丙甲年，时言金石坚；穷年心益激，论辩忽成篇。
共乐馆中会，决然才远超；学堂移筑策，早已扬高标。
世人不顾嘲，不求名利交；知君高踏处，恰似泽藏蛟。
非复池中物，风云意气豪；丰洲卜其地，遂见学堂高。
浩浩洞中住，及门人最多；丁宁话他力，师弟道相和。
熏陶人朴直，恰似蓬生麻；京洛谈和协，殊知论旨嘉。
真宗移大学，辛丑始开张；十月十三日，高论不可忘。
明年长子逝，君亦去东京；为法志旧依，凛然金石诚。
癸卯来京洛，聚头竹坞亭；须臾手分去，人生感浮萍。
六月思何胜，法门消一灯；可悲长夜里，无复此良朋。
为法向分忧，尤钦德业优；何为弃吾去，先作乐邦游。
相忆友朋心，深于碧海深；提携来会葬，俯仰泪难禁。
五年不能访，今日诣伽蓝；人去松空翠，抚然思不堪。
天下滔滔者，谁哉才学兼；半宵眠不就，又觉客愁添。
吾心不能转，吾口不能缄；卅首咄嗟赋，真情谁得谗。

东京方面前来参加葬礼的有文学博士泽柳政太郎及月见觉了、吉田贤龙、近角常观等。清泽君的遗稿以信仰及修养、日记及语录、哲学及宗教三部分，收录整理成《清泽全集》。接下来，进入明治三十七年。从几年前就陷入困难局面的日俄谈判日趋紧迫，2月

6日，两国终于断绝关系，10日，朝廷下达宣战的诏书。由是，佛教各宗派全力投身于恤兵慰问之中，并进一步派遣从军传教使，直接到作战现场，对出征军人宣说宗教上的安心立命信念，以此鼓舞士气。像我的朋友平松理英君，是最为活跃的，绝对不能忘记平松君在军队传教的功绩。翌年，旅顺陷落，经过奉天会战，已决定出两军的胜败。在美国的调停下，逐渐恢复了和平。这期间，我也在对各方传教，宣说真俗二谛以及佛法王法两全之教义。2月，我被任命为耆宿，接着又被任命为教学商议会议长。12月6日，赶回家乡，大哥云嶂院良顺亡故，享年65岁。大哥很像母亲，性格温和，喜欢诗赋，还练习过山阳友人小竹的书法。所以，我完全是在家父和大哥的引导下学习诗文的。大哥去世后，为了追忆、酬答幼时的教授之恩，我收集了他的诗稿，以《云嶂遗稿》为题出版发行，并赠送给诸位朋友。后本山授予其为一等奖。

翌年3月，三女良子出生。9月，被列为帝国学士院会员。院长是菊池大麓。菊池氏在明治九年，即我留学的前一年毕业于英国剑桥大学，是日本学生会的创始人，正是鉴于当时的这层关系，所以菊池氏把我推荐为帝国学士院会员。11月，我前往韩国京城别院，12月返回东京。

宗祖圆寂六百五十年纪念法会

明治四十年（1907）丁未，我59岁。2月，大本山授予我讲师称号。随后，光养磨殿被任命为教育干事，且列为上座。翌年，在高仓学寮作为夏安居后讲，我开讲《佛说无量寿经》，吉谷觉寿讲师作为前讲，教授了《六要钞》。夏安居结束后，我受大阪朝日新闻社主办的睿山夏期讲习会邀请，从大津渡船经湖上到坂本，在山上的大讲堂试讲了《老子》的“三宝章”。我想那大概应该是首次在夏期讲习会上讲解吧。12月，被本山任命为侍董寮。是年，由自明治三十四年以来一直担任副管长的光演彰如上人承续法脉，成为本愿寺第二十三代掌门人。这个时期尚恩许穿绉绸衣服。

不久，光莹上人移居东京霞关，虽然隐退了，但还得兼揽关东的弘法，彰如上人马不停蹄地巡锡各地，竭尽全力宣说弘扬祖风。

通过努力，本愿寺一度失落的声望得以逐渐恢复。明治四十二年，本愿寺举行了祖师殿的立桩仪式，接着，对大门、敕使门、黑书院、白书院等进行了改建，随着教学的振兴，本愿寺迎来了全盛时代。

关于句佛上人的俳句，上人在东京求学时，就仰慕子规的俳论风格，后来与碧梧桐和虚子等交往甚密，由此似乎渐入佳境。我曾几次随从上人巡锡，充分见证了上人诗囊丰富。上人在句作上总是让我感受到他精进于体验法味。无论是书法还是诗文，上人的作品都确实令人赞叹。由于我的朋友沼僧淳耆宿之令嗣沼法量君前几年曾在法藏管出版了《句佛上人》一书，所以，有关上人的详细情况可见此书。明治四十二年[①]，祖师殿竣工，我被任命为祖师殿上梁仪式委员。之后不久，上人赴上海别院参加宗祖大师祭祀法会，我又作为随行长前往。在本山，宗祖圆寂六百五十年纪念法会于明年举行，已是迫在眉睫，每天忙着诸般准备，本山全都动员起来，我等又被任命为祭祀法会筹备干事，同时还要宣说弘法，总之没有闲的日子。

四十四年1月，我被授予特殊旌赏，4月，被补为权僧正。这年宗派内颇为忙碌，从4月18日到28日的10天时间，是宗祖见真大师[②]六百五十年祭典精进法会，明治天皇特意赐给了纹章银香炉和香火钱。

① 此处疑为明治四十三年。

② 1876年11月28日明治天皇赐予亲鸾上人的谥号。

为在东西两本愿寺持续举行精进法会，京都六条一带云集了前来参拜的僧侣以及善男善女，连住宿的旅馆都没有了。于是，我只好住在内人娘家，每天从室町路走着去大本山。在法会期间，24日初更，我主持了发露忏悔工作，在28日满座夜，我受命担任两长老开示的复讲。面对云集于殿堂内外来自全国各地的门徒，光莹现如上人作为前住上人，光演彰如上人作为当堂法主，极尽谆谆之语，宣说至高无上的他力信仰。我也和法喜充满的满堂大众一样，切身感受着祖师的浩大洪恩。此时，谨以句佛上人的诗句抒发我内心的感怀。

六百五十祖祭恰遇春梅开
宗门兴诗会集群花亦正浓

我也诚挚仰赞祖师之恩德，特赋绝句一首。

慧眼炯然能见真，大师之德出常伦。
非僧非俗称愚秃，不二门中第一人。

听说在法会期间，池原雅寿讲师本来受命主持发露忏悔，可他到最后也没来参加，所以，本山当局也非常狼狈。池原讲师是超俗之人，由于他对时间和金钱完全不介意，所以或许是全然忘记了此事吧，但不管怎么说这是一个大失误，多年之后在受命夏安居讲义时似乎出现过纠纷。

位于巢鸭的真宗大学创立以来已经走过了11个年头，最初在清泽满之君的热心诚意下制定了校规，学风亦随之树立起来，吾等对该大学的未来发展给予了极大期待。清泽君病逝后，我奉命接任学监。于是，之前京都的所谓高仓大学寮，与东京的浩浩洞派相呼应，从而形成了东西对立的局面。

根据学寮派的意见，如果把真宗大学放在东京的话，对于一宗的安定统一，会出现不好的结果。不久，这一争论遂成了本愿寺教学上的难题。然而到了这一年，这层关系越来越紧张，9月，我终于下定决心辞去真宗大学学监。接着，大本山把真宗大学迁移到京都，改称真宗大谷大学，并在高仓的临时校舍举行了开学典礼。由是，东西两大体系开始合二为一，多年的悬案亦总算平息下来。12月，大本山授予我二等功勋章。

明治四十五年7月，我奉大本山之命，巡视青森、岩手等地，15日一回到东京，便发现在我出差期间，东京帝国大学给我发来了毕业典礼邀请函。然而，毕业仪式于10日举行，而我回来已经晚了5天。天皇陛下每年都莅临帝国大学的毕业典礼，而参加者都能近在咫尺拜见龙颜，虽然我对此深感遗憾，但一想到来年还会有，并非只有这一次机会，也就得以自我安慰了。

然而，当月20日，报刊刊登天皇陛下贵体欠安的新闻。国民诚恳祈愿天皇病情好转，但收效甚微，7月30日0时43分，天皇驾崩。皇子嘉仁亲王继位登基，即日改元为大正元年，先皇谥号为明治天皇，时圣寿61岁。后来据传说，天皇陛下在莅临帝国大学毕业仪式时，贵体既已出现几分不适，上台阶时就让人感觉到很疲惫的样子，一想到陛下的可贵用心，就会甚感惶恐以至不禁潸然泪下。

9月13日夜，大丧卤簿从宫城发辇，缓慢向青山葬场殿移动。我以帝国学士院会员的资格，与文学博士大槻文彦君共同参加了贡奉追悼会。然而，这天晚上8时，当我们听说陆军大将乃木希典君夫妻殉死的消息时，简直如晴天霹雳，惊愕至极！

乃木将军和我是明治二十年以来的至交，我们俩又是同年生，我特别理解将军的心胸。将军在凯旋途中吐露了如下心声：

皇师百万征强虏，野战攻城尸为山。

愧吾何颜见父老，凯歌今日几人还。

他是典型的大和武士，但不管怎么说，于我而言失去这位老将军甚为遗憾。

出版梵文《法华经》

这年（1912），荷兰人 H.C.柯恩（Hendrik Casper Kern）和我校订的梵文《法华经》在俄国首都圣彼得堡出版发行。柯恩与我是故交，我之前在英国留学编纂《大明三藏圣教目录》时，曾把《添品妙法莲华经》序文译成英文呈送给缪勒先生，先生又寄给了柯恩。于是，柯恩在其翻译的英文《法华经》中，多处引用了我的译文，所以，实际上我和他早已是学术上的至交，不过，遗憾的是之前未曾得到直接见面的机会。

为这次出版发行付出斡旋之劳的是文学博士高楠顺次郎君。高楠君之前于明治三十八年在英国伦敦留学时，曾给柯恩写过信函，表达了打算出版我校订的《妙法莲华经》。对此，柯恩回信表示：关于梵文《法华经》的出版，由于有先前英译此经时所用的原本以及有后来在尼泊尔发现的此经的残片，所以想依此作为参考，与我共同完成翻译出版发行。之后，他又进一步与帝国大学驻俄国首都的委员反复商量，同时，我这边誊写出所有梵本后再寄给柯恩，经过多番苦心，于明治四十一年率先出版第一卷，明治四十二年出版第二、第三卷，明治四十四年出版第四卷，明治四十五年出版第五卷，由是全部完成出版发行。为此，我必须格外感谢柯恩氏和高楠顺次郎君。出版社在这些书出版时给我邮寄了几套，于是，我把这些书寄赠给了我所在的真宗大谷大学。不久，获得大本山许可存命院号为法院。

随后，大谷派别院在大连市竣工，我和灵寿院连枝前往主持临时开光仪式。其缘由是当时大连别院轮值是新田深量君，他在滋贺县的长滨附近有自己的寺院，毕业于文学博士井上圆了君创设的哲学馆，过去我也曾教授过他，由于有这些关系，所以，他才特别委托长滨的灵寿院连枝和我。在船上，灵寿院师晕船很厉害，从神户出发后到大连的途中，几乎没到食堂吃一顿饭。别院的开光仪式完了之后，我因有南满铁路公司之委托，在沿线一带连续进行了巡回慰问讲演，到11月上旬为止。幸亏有该公司职员大塚素君的热心陪伴，尽管忍受着剧烈严寒，但能够到各地进行巡回讲经，这也是非常愉快的体验。我在满铁的演讲以《修养指南》为题出版。

回到东京后不久，朋友们为我前几年出版发行的梵文《法华经》，于12月6日在东京帝国大学召开了庆祝会，我接到邀请出席庆祝会。前来参加的有当年留学英国的诸位朋友，特别是文学博士加藤弘之君、文学博士末松谦澄君等纷纷发表祝词，对于学界对我的过分赞赏，我真不知道该如何回答。留学英国以来30余年的研究，没想到现于世间，伴随着这份喜悦，对笠原君的想念亦萦绕心头。庆祝仪式结束后，我们在小石川植物园举行了盛大晚宴，之后，我获赠紫檀书架和书桌等纪念品，不过，这些物品已在几年前的那场大地震引起的火灾中烧失，唯有诸友的温情，至今依然深深地铭记在我的记忆中。

于京都高仓临时校舍开校的真宗大谷大学，在大正元年（1912）投入了巨额资金，在京都上京区小山上总町完成了新校舍的扩建。我再次被任命为真宗大谷大学校长，并于大正三年9月去京都赴任。此间长女文子已到谈婚论嫁年龄，由高楠顺次郎君做媒，于10日与工学博士大井才太郎君的长子——法学士大井伊太郎完婚。高楠君在末松君担任递信大臣时做过他的秘书，由于这个缘故，为我们两家做了媒。高楠君的父亲是伊势高田派本山的信徒，是一位虔诚的佛教徒。这时候，我因即将就任校长，事情繁多，为此只出席了一下仪式就急忙返回京都了。现在，我已有四个外孙，他们是长男武雄、次男文彦、三男英夫、四女美代子。翌年1月，我成为帝国学士院院士，享受国家津贴待遇。

在就任校长的五六年时间里，对我来说心里是比较踏实的，也有一些闲暇时间，故可以继续兼作梵文《入楞伽经》的校对工作。

我在牛津大学留学时，根据尼泊尔传来的《梵本经典目录》，借来了梵文本《楞伽经》，最初是抄写全文，后来在东京的十多年里，我和拟讲子安善义君共同对三种汉译本进行了对校译读，接着，又按照河口慧海君带来的尼泊尔本进行了全部校勘，后来又校对了高楠君带来的尼泊尔贝叶写本和文学博士荻原云来君所藏的印度刊本，9月，誊清了全文，并对构成部分做了脚注。又校对了藏译本和汉译本，指摘了原译本的错谬，最后终于全部完成。

大正八年（1919）5月18日，真宗大谷大学为我举办了盛大的70岁生日祝寿会，来宾有能净院大谷莹诚连枝、净晓院大谷莹亮连枝等，京都帝国大学的文学博士松元文三郎君以及榊亮三郎君等，能净院连枝和松本博士代表与会者抒发诚恳祝词。在之后进行的宴会上，大家一致决定由古稀纪念祝贺会出版发行上面所说的梵文《入楞伽经》。我对这次具有重要纪念意义的活动，内心实在是充满无上感激之情。

之后，大正十二年梵文《入楞伽经》出版发行，足立现诚君和加藤洁君两位同人在该书的活字铸造、植字印刷、校正等方面，尽心尽力付出了巨大烦劳。此外，为本书的出版给予经济资助的是田代重右卫门君。

该经的日文翻译，是对照最初校订印刷的梵文不断反复修改。但是，因我不在日本侨居海外，日译工作很难进展。后来真宗大谷大学教授泉芳璟君发现了后半部偈颂品的日译，便向校长室索取梵文原稿，我立即寄送给了他。于是，泉君非常努力地翻译了一大半，也就是说，他以和我共著的方式终于完成了出版（昭和二年2月），出版后也给我寄来了一本。对此翻译出版事业，我必须十分感谢泉君的努力和热诚。

此间，我于大正五年听命于大本山安排在夏安居时讲解《佛说阿弥陀经》。翌年2月，任命为正五位，9月任命为新门徒御用干事。不过，这仅是名义上，并非是有什么特别教授任务。大正七年，我被任命为临时学制调查会委员和该委员会议长。是年5月，出席帝国学士院例会，次日，在霞关离宫参加由宫内省赐予的午宴。这个月，大本山允许着樱木色素绢道服，我也旋即定做了一件，待做好后一看，简直太华丽了，我想这可怎么办哪！

大正八年，我出席了学士院例会，亦曾于次日被赐予午宴。我记得正好在这个时期，现在已经亡故的前真宗大谷大学校长佐佐木月樵君，为纪念我70寿辰想给我画一张肖像画，希望我一定要去中村不折君那里。于是，我便顺随其好意，每日都前往上野公园旁的中村画室，端坐在不折君面前，任由该君妙笔素描。就这样，肖像画在与佐佐木君和中村不折君的亲密交谈中完成了。这张画像现在悬挂在大谷大学讲堂里，没想到，在历代校长，即已故清泽满之君、大谷莹亮连枝的肖像中，又加上了我的肖像。至今，我依然无法忘怀佐佐木君对我的深情厚谊。

我在真宗大谷大学担任校长期间，经常给予我支持、总揽校务、始终致力于学风振兴的当推骨干藤冈了淳君。我也忘不了在大正八九年的时候，中桥德五郎氏就任文部大臣之后，允许原先按照专科学校令设立的专科学校可以根据新的大学令升格为（单科）大学，在教育界引发划时代的所谓升格问题。对我们真宗大谷大学也具有更新教学之意义，学校当局自不必言，就连学生也提倡升格，经过与大本山相关者几多交涉，进一步又取得文部当局、教育界要人们的谅解，最后终于决定升格。这些复杂的交涉全都是以藤冈君为主的同人们不断奔波才得以完成的。我也曾经偶尔有几次和藤冈君一起前往东京。藤冈君后来成为教学部长，最近又被任命为真宗大谷大学主事。

然而，我过了70岁以后愈发感觉寒暑异常猛烈，特别是近年来，我由于痔疾之故，感觉京都的寒气透彻骨髓。为此，这期间我说什么也要辞去真宗大谷大学校长职务，一心想成为闲适之人，所以，在大正八年12月，曾两次向大本山提出辞呈，但均未被受理。翌年1月，再次前往京都继任，12日，我又向大本山提交了辞职申请。在大本山，当时有以稻叶为总长的内局，但是，迫于法主的负债问题，内局决定总辞职，遂即召开耆宿会，我也必须出席此会，为此，我好不容易写出的辞职信又一次被葬送了。于是，我暂且回到东京的家，经过深思熟虑，不得已还是决定留任校长，2月22日便又去了京都。同月25日，我在丹平旅馆收到一封电报，吃惊地打开一看，是二弟即证院藤圆曦病逝的讣告，他之前已经去了大垣市中町的乘莲寺。因为他是最小的弟弟，所以深得父亲疼爱，之前听说父亲不让他去远方，就让他在大垣市内附近。弟弟享年66岁，他先我而逝，真是令人悲痛至极。我当天便启程参加入棺仪式，3月1日举行了丧礼。从3日开始，为公布法主的教示书，我先后巡视了八尾、堺、天满、难波、神户等地的别院和摄津的壁圆寺、柳杈寺及福泉寺，回京后，领命于7日在久迩宫别邸拜发表佛教讲演，向久迩宫智子女王殿下（现今大本山的御里方）详细汇报了圣德太子的十条法令及严如上人的事迹等。接着又继续巡视各地，7月7日回到越前家乡，参加了出云路派净教寺前住持宝林院通专师的葬礼。通专师享年79岁。通专师的母亲是先父的妹妹，明治四年我入籍越前以来，和通专师便成为亲密的表兄弟。翌年3月，福井别院的大雄宝殿修建竣工，恭请法主莅临新堂落成仪式，我被任命为随行长。9月23日，我受命作大本山赞佛会晨朝后的亲教复演，这天，我在大本山进行了“大正十二年4月执行立教开宗七百年纪念法要（法会）”的演讲。之后，主要是在北部地区巡回传教，几乎没有闲暇之日。这年1月28日，我被增补为僧正，2月，被任命为大本山侍董寮出仕，11月，受命宣讲报恩讲说。

如前所述，关于真宗大谷大学是否升格的争议开始以来，在大本山相关人员以及学校当局的热心努力下，大正十一年（1922）5月，依据大学令升格为单科大学，自此开始改称为现在的大谷大学。6月6日，我被大本山重新任命为大谷大学校长，同日，被任命为大谷教学财团理事。

完成大学升格后，藤冈君说因自家寺院条件不允许再担任主干工作，不得已他终于辞职了，其后，由我的同乡沼波政宪君继任。沼波君的寺院离我出生的家很近。由此我想起来一件事情，它发生在明治二年（1869），我从京都的学寮回到出生的家没事悠闲度日的时候。一天，我外出时没想到途中碰见沼波君的父亲持法君，沼波君的父亲实在是一位开朗之人，并且比我年长许多，他好像听说我家经常开设汉籍讲义，便对当时只有21岁的我说道："我想请您一定抽时间来拙寺讲解经史。"我完全被他那谦逊豁达、超凡脱俗的样子所征服。他与我哥哥是同龄人，看上去非常诚恳。由是我一遇到沼波君，全然没有半点陌生之感。承担着刚刚完成升格的大谷大学的重任，沼波君孜孜不倦地为新制度的组织及改善而忘我地努力着。

这年10月，我受命担任大正十二年度夏安居的主讲，决定选用宗祖亲鸾上人的《唯信钞文意》为讲本，然而，翌年我因为患病的缘故，不得已辞掉了此任。

在大本山，为了举办前年发布的"立教开宗七百年纪念法要（法会）"活动，各项准备工作紧锣密鼓地进行着，我在这一两年完全投身于巡回弘法事业中。随从法主到和泉的岸和田等地弘法时，都是过了半夜才返回京都，由是之故我的身体异常劳累。次日，被任命为立教开宗七百年纪念法会筹备委员。

收到现如上人金婚请柬也是在这个节骨眼上，时不凑巧，被其他要事阻碍，不能前往东京，甚感遗憾。此前的10月30日，收到原庆应大学校长、时任文部大臣镰田荣吉氏主持召开的庆祝学制颁布50周年典礼仪式的邀请，我作为大谷大学校长出席了庆典，顺便前往霞关侍候现如上人，并向上人致以金婚祝贺。听说陛下赠送给上人一对鸳鸯饰物，可是我没有机会看到此物。

说到庆应大学，我想起明治六年我初次去东京时的那一年。明六社刚刚成立，崇拜欧洲之热潮冲击着东京。因此，各类人等都成为了会员。之前曾提过，我的亲生父亲，因在赖山阳门下之儒医神田南宫座下受教，所以在《南宫诗钞》中会屡屡出现秋堂之号。然而，此南宫先生的外甥神田孝平君也是明六社的会员，好像还是当时的元老院议官还是什么。我从英国回日本之后的某一天，接到文部大臣森有礼氏寄给我的一封信，让我出席明六社社员在上野精养轩举办的宴会，由于信中详细写明“这也是南宫先生的外甥某君，希望借此宴会之机见见毛芥之子”云云，对此，我也很感兴趣，所以就出席了宴会。在宴席上，我见到了一位身材魁梧、毫无顾忌不停讲话的人，一打听才知道，他就是庆应大学的创立者、闻名于明治教育界的福泽谕吉氏。听说福泽氏好像确实是师从小栗栖香顶师学佛的。总之，这也是我唯一一次参加明六社的集会。

遭遇震灾

大正十二年（1923），对我来说是事件极多且记忆颇为惨烈的一年。1月，参加学士院例会，一回到京都，又参加了大谷大学佐井环教授的葬礼。这位佐井君是我在明治二十七年首次前往京都担任真宗第一中学寮长时认识的，他出身于尾张，汉学造诣颇深，长期以来一直对大谷派的教育鞠躬尽瘁。

接着，便发生了我担任名古屋市觉王山日暹寺（日泰寺）住持的问题。本来日暹寺的管长是由各宗派交替担任，住持则由该年度所管管长来任命。这年正好是真宗派管长任期，而且内定我为住持。我因生病的缘故都已经提出辞去大谷大学校长的申请。尽管也提交了几次辞呈，但寺务总长阿部慧水君一再挽留，没办法只好决定就任。1月22日，我接受所管管长真宗高田派常盘井尧猷猊下颁发的住持任命辞令。

2月7日，一到大谷大学，便发现事务室的空气很紧张，一种不安的样子，一打听，才知道是由于接到了居住在霞关的老法主病情危笃之通报。不一会儿，大本山打来电话，要我火速赶到大本山。我急忙前往，只见几名耆宿正在一起聚精会神商议。商议结果，决定由我代表耆宿和侍董寮东上去东京，8日，冒雪奔赴霞关宅邸，询问了上人病情，然而，就在这天的下午，上人圆寂了，享年72岁。

对于现如上人，我有数不尽的回忆。在此，我想集中追忆上人的晚年，并附上我所作的追悼庄严光院现如上人二十韵来缅怀。记不清具体是什么时候了，我想大概是大正七年或八年的时候吧。上人罹患眼疾，曾经静养多时，后来好不容易痊愈了。在祝贺上人病愈的宴会上，我也被邀请去霞关侍从。席间，我与小石川区小日向台町的本法寺住持某君相邻而坐。本法寺是一座传承着莲如上人亲手制作的木像的寺院。宴会进行不多时，上人显得非常高兴，离开座位，自己端着酒壶，为在座的每一个人斟酒，指着本法寺的住持某君感谢道："他之前曾在浅草别院的大殿搀扶过我。"由此可以看到庄严光院现如上人威仪端正和态度庄重的一面，而且又是如此亲切、平易近人。上人这次发病太突然，听说前一天上人还参加了其叔父——伏见宫贞爱亲王殿下的入棺仪式，夜晚很晚才回到宅邸，讲了很多故事之后才睡下，不久便因脑溢血陷入危笃。我记得明治二十七年严如上人好像也曾经得过这种病。

恭奉追悼庄严光院现如上人二十韵

大正十二年二月九日作 七十五叟南条文雄稿

九十日前拜恩颜，何图电音警吾耳。
现如上人罹脑疾，其第二日遂不起。
探韵谨叙上人传，潸然不觉泪湿纸。
七月念七生京都，嘉永五年岁壬子。
严如宗主为先考，嘉枝宫是为先妣。
幼名光养号愚邱，九岁得度服红紫。
十二岁任大僧正，十有七岁遭更始。
跋涉缕缕谕门徒，献纳米资帝心喜。
明治三年到海北，开拓道路均遐迩。
五年补权大教正，维秋九月渡洋水。
主伴五人诣佛迹，天南泰西无定止。
明年七月始归来，总务孜孜直如矢。
二十二年为宗主，恩赐袈裟拜优旨。
敕使佛前供锦裲，两堂落成甚美矣。
二十九年赐伯爵，教学议制主张是。
令子贤弟学欧米，一门连枝如桃李。
四十一年十一月，让职法嗣效前轨。
庄严光院以为号，移居霞关隐于市。
大正十二二月八，七十二龄化缘弭。

师恩广大未能酬，称扬遗德充铭诛。

上人圆寂的第三天，我暂时返回京都。次日清晨，在京都火车站奉迎上人的遗骨。2月11日，京都冷气袭人，寒风刺骨。尽管如此，黎明时分奉迎遗骨的人们已经云集在火车站等候。人群分作两列，由光演上人前面引领，将遗骨迎回了大本山。

22日，为前住上人举行了庄严肃穆的葬礼。队列从大本山阿弥陀堂门出发，经过乌丸和上珠数屋町，穿过间之町，从下珠数屋町走向位于七条的葬仪场。在队列中，我已疾病复发，险些就要倒下。但是，我强忍着到达葬场，在向阳地躺了一会儿稍事休息，才恢复了精神，复又铆着劲坚持奉送到了洛东花山的火葬场。

这个时候，正好法国佛学家西勒万・列维博士来日本，要求见我一面。由于事出突然，实在没办法，我们只好在即将开往火葬场的汽车中，简短见面相互作了一下问候。列维氏博览达识，堪称近代佛教学权威，我希望他在大谷大学就尼泊尔佛教作几天讲座。接着，23日，我接到大本山命令做法主亲言书的复演。可是后来我的疾病未曾痊愈，完全看不到恢复的迹象，因此，我决定请假暂时去东京休养。进入3月，又接到通知要我出席觉王山日暹寺举行的晋山仪式，我以治病休养之故几番推辞，但因对方已准备齐全，根本无法退让，没办法，我只好赴名古屋参加晋山仪式，之后又返回东京调养。特为觉王山晋山仪式赋诗二首。

善逝遗形喜有缘，遥迎二十四年前。
何图今日来随侍，大觉王山三月天。

觉王山上寺，宿世喜因缘。
当年随伴者，来侍对群贤。

元气稍稍恢复，我便又在浓尾之地巡讲数日。4月1日，我受命在浅草别院由法主亲自主持的前住上人中阴法会中，试讲追述上人遗德的法语。从4月9日至15日，举行了为期一周的立教开宗700纪念法会。这是继前住上人葬仪之后的大法会，因此大本山肯定也会精心准备。前来参拜者一天天增加，有东西两本愿寺、佛光寺、兴正寺等，仅仅是真宗一派的纪念法会，其盛况就已十分惊人。

装饰华丽的参道，昭示着正在举办盛大法会，我等也混入人群礼佛观礼，特别是看到专门为纪念法会参展而收集来的宗祖亲鸾上人的真迹《教行信证》以及其他诸多宝物，不由得使人追忆起七百年来的往事，同时亦更加尊崇列祖先德的卓功弘恩。法会期间，我在洛东冈崎别院以及寺町的山口佛教会馆作了纪念讲演，还参加了大谷大学新生入学仪式。此外，利用此次参列法会之机，在大谷大学举办了毕业生同窗会等活动，一百多名出席者汇聚一堂，高谈振兴教学之策，各个都精神抖擞、意气风发。

在白书院举办的大谷派出身者招待会上以及枳殼邸举办的晚

宴上，见到了很多老友，也接触了诸多活跃在宗内外的人士，欢谈时移，参加者都沉浸在绍隆法运的法喜之中。15日是满座法会的当天，因此我打算去参拜大本山两堂，然而出去一看，礼佛者云集，简直无立锥之地，一步也迈不出去，无法进入堂内。我转念一想那就去看看舞乐吧，怎奈根本没找到合适观看的。人多得呀，稍不留神就会迷失在人群中，简直再无法从中拔腿走出来。觉如上人所说的“佛阁基坚固，法水永流传”，就是这次法会的真实写照，这也是当时我对法会的感想。

次日，我又去参加五条大桥东善立寺敬老会的启动仪式，选择了针对老人的话题，阐述了“身心二命”及“平生业成”的教义内容。是夜，受托前往西六条的显道会馆，以“信是义本”为题进行了试讲，现在回想起来，那是我以健康之体最后一次站在讲坛上。

起因是翌日（17日），我离开京都前往福井别院，罹患流行性感冒，加之肺炎并发，医生诊断为严重的衰弱性疲劳，并嘱咐说需要绝对安静，已经到了什么也不能做的地步。

患病期间，亲戚朋友纷纷前来真诚探视慰问，给予我极大的安慰，这份深情厚谊至今难以忘怀。所有的讲演预约皆因病取消了，每天按时服药、安养，如是过了30天，终于见有几分恢复，于是返回东京休息，决定尽量避开外界，专心静养。

用白氏文集中首夏病间之诗韵赋之

以述怀结尾四句即乐天之成句也　大正十二年七月

掩关不视事，空过百余日；平生奔走身，南越响获疾。

归家遗万虑，虚闲疾渐愈；国手曾有语，唯忍无事苦。

悠然消长日，睡过大暑节；清风自北至，书楼忘炎热。

或恐遭神怒，徒食无所为；请君且恕我，我诵乐天诗。

内无忧患迫，外无职役羁；此日不自适，何时是适时。

另

次鹿儿岛造士馆长渡边董水君种楷树

十二首中之诗韵赋呈二首

移植钦君尊孔诚，匹如遗弟忆师情。

大东何况得新树，久志之几是美名。

惟楷古来称易生，欣闻半岁嫩芽萌。

堪知双树得其所，如见校庭方向荣。

这个时候，有人给次女孝子提亲，前后用三四个月的时间为其操持筹备婚礼。由于生病之故，我向大本山提出了辞去本年度夏安居的本讲，到6月终于获得许可。我终于可以身心自适、安闲愉悦地欣赏初夏这沁人心脾的新绿了。

8月31日，现内局总务部长宫谷法含君造访，我们愉快地谈论了很多话题才道别。或许是酷暑的缘故，我突发脑贫血而病倒，安卧之后终于恢复过来，但我感觉这已绝不是可以安心的健康状态了。

然而第二天，即9月1日，关东地区突然发生了罕见的大地震，地震引发的大火灾使大半个东京顿时化为焦土，变成了与昨日全然不同的荒凉景象。我等也被最初的剧烈震动甩出，到户外躲避危险，在院子一角铺草躺卧，映入眼帘的到处都是浓烟滚滚，地震伴随火灾带来了双重恐怖。完全是生死两茫茫之境地。在宅地一侧搭起了一个门板篷，权且当作避难所，到了夜里感觉越来越危险，我让二儿子留下，用包袱皮把仅有一点儿物品包上，带上内人和二女儿，到番町小学校前的人力车停车场，找到一位善良的车夫，蒙其厚意我们得以在那里休息，一夜未眠。次日晨，我走出去想回去看看自家的宅子，但都说那样太危险，说什么也不让我去，还说有工兵看守禁止通行，所以我也就断了念折了回来，坚信谛观所谓的“一切即如所现”。2日，我信步来到附近的堤坝上，度过了不安的一天，到半夜，长子来报说自家房屋全被烧毁的消息，我只回答道：“一切都是天命，没有办法。”相比于频频传入耳际的悲惨报道，庆幸的是我们全家没有死伤。3日，女婿从大井家拉着车来接我们，其后我们就一直居住在他们位于麻布区材木町的家里。6日，我开始起草自传，23日夜脱稿，经泉芳璟君之手于大正十三年1月发行。后来，借览他们家的藏书，在《先哲丛谈》第一卷中看到林罗山传，我深深感受到一代大儒在明历年间遭遇大火之难时的悲痛心情，不禁万分同情。根据该书的内容，我写成了自传的序文。以下两首诗是记录了当时的感怀。

次美浓人高木春和寄怀之诗韵　却寄二首

偶感津梁奔走感，无端半岁仰医治。
何图灾害双来至，正是书焚地震时。

无复图书系我思，几边兀坐不堪悲。
吟君诗句赓其韵，再会何时难请期。

10月1日，依照我的愿望，我卸去了大谷大学校长职务，同时被授予大谷大学名誉教授的称号。继我之后，佐佐木月樵君代理校长职务，不久被任命为校长，我也因事务关系赴大谷大学，出席校长交接仪式。其后，寺务总长阿部慧水君来访，向我颁发授予我的特殊功章的证书。截至12月，我一直寄居在大井家，其间，内人和孩子们通过多方找寻，终于在青山选中了一处满意的小宅，便移居此处至今。岁月更新，到了大正十三年正月元旦，一扫过去一年的噩梦，搬进新居迎来万象更新的春天。即赋诗一首：

甲子元日东京市外新居偶成

七旬加六又迎年，劫后移家心寂然。
唯我新正无所作，青山静处梦书眠。

其间，又偶得一首：

贺京都伊吹氏大儒人之喜字寿

闻法安心复奚疑，断机功就有贤儿。
前途毕竟无量寿，一道分明喜可知。

1月26日，东宫殿下成婚，举国欢庆。因震灾毁为一片焦土的帝国首都也重新吹来东风。有诗一首：

恭奉贺东宫殿下之御成婚

灿灿彩云呈瑞祥，和风嫩日祝储皇。
婚仪就处天连地，神约成时凤得凰。
松树林端常浓绿，梅花雪里放清香。
山僧在野不堪喜，赋出诚庆诗一章。

在纪元节之日，赋诗一首：

贺大阪永田仁助甲子纪元节日之叙位

六十二年唯至诚，调和况复答升平。

果然佳节有恩典，云路今从听姓名。

又

贺淡海女子实务学校校长塚本佐登子女士
拜受东宫妃殿下御衣之恩赐

八旬加二老亦忘，久矣斯人开学堂。

恩赐御衣如挟纩，欣然知是拜余香。

塚本源三郎君出身江州，活跃在实业界，佐登子女士乃其母亲。他们都是虔诚的真宗信徒，我也经常去他们家说法，最近京都大谷大学教授安藤州一君好像有时去开示说法。佐登子女士是教育界的有功者。

接到杉浦重刚君病逝的讣告是2月13日。杉浦君名重刚，号梅窗，又号天台道士，近江膳所人也。明治十一二年之交，君在英京，余亦在焉。屡相会于日本学生会，又送君上归朝之途，数年前余与君相会于塚本君东京之侨居话旧。一别送到不能复相晤矣。大正十三年2月13日君病殁于淀桥町角筈之家。痛悼何堪。君为东宫殿下御学问所御用挂也久矣。诗中故云。3月2日夜识。

追悼杉浦重刚君连环体三首　次塚本源三郎君之诗韵并引

平素至诚无挟私，德如春草雨余滋。
何图闻此伤心事，忽丧神州太子师。
忽丧神州太子师，讲筵知是寂丹帷。
何人俯仰不悲痛，况复大婚方就时。

况复大婚方就时，君空逝矣堪沉思。
相逢话旧尚如昨，我不能忘泪自垂。
持己谨严无寸私，待人宽厚德尤滋。
讲经磨剑丈夫事，君是神州太子师。

君是神州太子师，心肠铁石侍丹帷。
讣音一奏圣颜惨，窗外寒梅傲雪时。
窗外寒梅傲雪时，哲人骨埋断肠思。
渺茫往事唯如梦，遗咏诵来泪自垂。

因去年的震灾，不得已延长了次女孝子的婚期。4月，孝子嫁给了商学士本田道之，后来健康欠佳，从11月开始病情逐渐加重，12月31日清晨住进医院后就没再返回来。之前由于地震而推迟婚期，嫁过去之后不到一年就去世。在这之前，我回到家乡大垣以及越前的自家寺院举行了法会，在京都短暂停留，就返回东京的家，这次是我最后的旅行。

在此期间最让我苦恼的就是关于担任觉王山日暹寺住持的问题。自大正十一年1月我被任命为该寺住持以来，与信徒之间发生了难以解释的误解。广陵了贤君作为执事入寺以后，纠葛越来越严重。信徒都紧盯本愿寺，而把觉王山作为本愿寺的别院对待，此外，还有一些僧人也出来煽动这些信徒。对此，我也早已无法忍受，痛下决心多次向大本山提出辞呈，大正十四年6月，又一次向本年度担任管长的越前鲭江真宗诚照寺派二条秀晓师提交了辞呈。7月3日，我从轮值管长二条秀晓师那里接到辞职允许书，时隔3年，终于又恢复了自由身。由是，我从所有公务中解脱出来，得以进入真正的遁世生活。

正好是在这期间发生了一件事。大谷大学的毕业生们准备为我举办“谢恩会”，之前在大谷大学图书馆工作的藤原犹雪君特意来我家，表达“请务必出席”之意，我也非常感谢诸君的深情厚谊，先去问诊医生，我同医生商议此事，医生说：“硬撑着去参加的话不好，感觉好的话，去参加也无妨吧。”这样，由次子跟随照顾，坐车到了日比谷的松本楼，受到同窗会诸君的热情款待，合影留念之后就回家了。

大谷大学自佐佐木君就任校长以来，以其天分与卓见不断进行着改革。作为革新尝试之一环，决定把大谷大学的讲座开到东京，由文学博士松本文三郎君、大谷大学校长佐佐木月樵君和教授赤沼智善君承担演讲，会场选定在帝大佛教青年会馆。我也受到邀请，让次子陪同前往会场观瞻，那时讲师和听众都极为紧张，堂堂正正的学术讲座，听众中好像还有几名东京帝国大学学部教授等，我感到万分高兴。但是，佐佐木君在此时已显出疲劳之态，我以为他是患了感冒。不过，就是这位佐佐木君，于第二年3月份去世了，那时候谁想到了啊！我因病辞退大谷大学校长之职，后继者佐佐木君总应该在我们之后再去世吧，听到这个消息我感到太意外，怎么也无法相信这是事实。佐佐木君这样的人物，年仅52岁就逝世，只能说是宗门乃至佛教界很大的不幸。该君的去世，实在令人扼腕叹息。

4月，三女儿良子嫁给了工学士土方鹿之助为妻，这样我终于不再为子女们担心了。之后不久，我的同乡、现东京美术学校教授西洋画家长原孝太郎君来访，他希望纯粹从美术角度上给我画一幅肖像画，我答应了他的要求。每天端坐在长原君的画布前，任由他创作，到5月14日，终于完成了这幅肖像画。当地教界诸位友人为我暗中支付了绘画费用，将其装裱好后寄赠给我，大家的深情厚谊我唯有至诚感谢。而且，长原君还把相同的画赠送给了法主大谷光畅上人，最近听说光畅法主又将其赠送给了大谷中学。

我这难以抵御寒气的身体，也有幸从春到夏，直到初秋，经过不断反复终于逐渐恢复了元气。六七月的时候，受福井县人会之邀请坐车前往丸之内饭店。见到了久未见面的文学博士望月信亨君和长井真琴君，我们交谈甚欢，其间他们还提出要委托我试讲《六方礼经》，不知不觉畅谈了一个多小时，连我自己都感到惊讶不已。然而，我的身体已经不允许疲劳过度，就在此时我仍记得回家后感觉非常疲劳。为此，在这以后，我完全不能出家门了，别说是不能参加京都大本山通知的侍董寮及耆宿的例会，就连帝国学士院的例会也都因病全部缺席，我想虽然我还在有意识地思考着，但万一失态的话反而会给大家带来麻烦。10月，家乡唯一尚在的妹妹来信说，今秋如果能回乡参加母亲的祭祀法会的话，真想好好谈谈。可是不久由于寒气袭来，考虑到健康问题，最终没能前往，为此到现在我都觉得非常遗憾。11月，妹妹因伤风感冒突然病逝，享年75岁。直到最后我跟妹妹也没能见上一面。

先帝陛下自这年11月以来贵体欠安，于12月25日1时25分驾崩。即日由皇太子裕仁亲王殿下登基，发布改元令，改年号为昭和元年，大正时代仅仅维持15年便宣告结束。27日，先帝灵柩从相州叶山的御邸运回宫城。转眼就是昭和二年正月一日谅暗之春。偶得一诗：

丁卯元日青山小庐感怀并引

七旬加九又迎年，五年沉疴未全痊。

先皇去岁登遐去，新年谅暗更寂然。

此诗原系去年12月中旬之作。后忽遭大丧恐惧不能措。乃改三四二句。其原作曰：家妹去年弃吾逝，元日青山更寂然。

大丧仪式于2月7日在新宿御苑举行。

在明治天皇的大丧仪式时，我曾和大槻文彦君一起贡奉侍奉，但此时身体已不像那时那么有力，只能在心中遥拜侍奉那一刻了。

4月，在京都妙心寺举办了圆鉴国师藤原藤房聊550周年追思奉赞法会，为妙心寺正法轮社赠诗一首。

曾事君王忘死生，山蹊侵露共潜行。

钦仰一朝禅机熟，千秋万古大鉴明。

爪雪处79年

我的养父曾珍藏着赖山阳手书的“爪雪处”三字匾额。“爪雪处”出自《淮南子》，鸿鹄为追逐温暖需要离开北方，遂将爪迹留于雪地，以为返回时之记忆，如是比喻空中之临时住所。本来我不是想在此诠释相关字义。我感觉具有临时居住之义的“爪雪处”与我的一生甚为相似。关于我的住所，大致而言是从日本到英国，即使在日本，我也是生在美浓，前往越前，住在东京，有时又在京都，屡屡东奔西跑，可谓几无定居之暇。进而从其他意义上思考的话，美浓的老家，毁于明治二十四年的震灾，最近的关东大地震又把麹町的住宅和书房化为灰烬，之后总算找到了现在所居的青山小庐。

这难道不就是“爪雪处”吗？我现在也把这个茅屋取名为“爪

雪处”，从接到妹妹讣告的那天起，我开始承继养父之号，别称自己为“小老南”。如果说居所是临时的话，这躯体亦同样是临时之器。我先前阅藏时有一感触颇深之语，那就是明教大师契嵩的法语——“为法不为身”。意思是说正是由于身体是临时之器，所以不要为身体，而应追求法。今天，我的视力、听力都已衰退，看一会儿书就开始打瞌睡，已经是一副不中用的躯壳了。不过，所幸还有心眼尚在为法而洞开着。兴致来了即看书，劳累时则睡眠，虽擅长一点儿笔砚与诗文以自我消遣，但“为法不为身”的法语至今仍铭记于心。

以上，我依记忆缕述了79年的经历，是为聊以追述我此生之所怀。

《怀旧录》后记

5月12日是我79岁的生日。次日基本把《怀旧录》完成。不欲多言，只想简单地叙述始末。大正十二年4月，我为了作佛教演讲，从京都的大谷大学出来，到越前的福井，没想到得了流行性感冒，肺炎也并发，又不能进行演讲，一卧几乎三旬，5月回东京休养，9月因为大地震引起的火灾，住宅和书库全部烧尽。为此避开焦土到女婿大井伊太郎家，翻阅《先哲丛谈》明历大火的章节，读到林道春遭难的记事有感，有了写一部自传，明年在京都发行的念头。去年，某月某日，藤井草宣君、远藤蒋君一起来访时，也曾想记述我的详细自传。为此，我承诺，经常给远藤君说说我经历的事情，他非常热情地记录下来，后因疾病未能继续写作。藤井君是经大谷大学毕业的同乡人堂谷宪勇君的介绍，来协助远藤君工作。堂谷君孜孜不倦，把谈话内容都记录下来，几乎用了一年多时间。把有关我幼年以来的学事，无论我愿意不愿意也都一丝不苟地全部记录下来，后整理成此书。我的区区行为不值一谈，只是回想学友的友情心中充满感激，别无他意。读者能有取舍的地方我就很高兴了。

南条文雄

昭和二年4月25日，79岁带病而写

关于刊行《怀旧录》

本书是南条先生在病中经过前后三年，每日早晨用一个小时的时间撰写，积少成多，现成为几百页的书籍。在成书过程中，有时是由他自己口述，友人代为书写，之后他用红色的笔进行修改；有时是南条先生自己拿起笔来，以充满怀旧的心情去书写，可以说是用泪水记录下来的文字。本书的完成如同奇迹一样。为本书的完成，藤井草宣、远藤蒋（显光）、堂谷宪勇三君作出了不懈的努力，在此表示感谢。还有为此书发行作出指导的已故的樱井义肇氏先生，他对本书的贡献很大，在这里，我表示深深的谢意。

高楠正男